坐らぬ禅

ひろさちや
Hiro Sachiya

佼成出版社

まえがき

本書は、読者を禅の世界へ案内するガイド・ブック（案内書）です。

最初にお断りしておきますが、わたしは禅の世界の住人ではありません。まあ、何十回、何百回と禅の世界を旅した経験のある旅行者ではありますが、その世界の住民権を持っている人間ではありません。

しかし、我田引水的に言わせていただくなら、ガイド・ブックというものは外国人が書いたもののほうが役に立ちそうです。たとえばインド旅行の案内書などは、あんがいインド人が書いたものは日本人の役に立ちません。そりゃあインド人がインドについて書くのだから、言っている内容にまちがいはありません。けれどもインド人は、日本人がインドについてどういうことを知りたいのか、あまりよく分かっていないのです。それで、日本人にとってはどうでもいいことをくだくだと解説し、日本人がちょっと知りたいことに言及していなかったりすることがあります。だから日本人のためのインドの案内書は、インド人よりもむしろ日本人が書いたもののほうが役に立ちそうです。

それと同じで、禅の世界への案内書は、むしろ禅の世界の住人が書いたものより、わたしのような禅の素人が書いたもののほうが分かりやすく、役に立つと思います。

＊

それから、これはちょっと言いにくいことなんですが、わたしはあまり禅というものが好きではありません。いや、正坐することすら苦痛なんです。だからわたしは、禅寺において正式に坐禅をしたことがありません。

それ故、わたしは、本書においては、

——坐らぬ禅——

を提唱しようと思っています。そんなことを言えば、禅のお坊さんからどやしつけられますが、でもわたしは、自分が言っていることがそれほどまちがっているとは思いません。なぜなら行《ぎょう》・住《じゅう》・坐《ざ》・臥《が》、つまり行く（歩く）も住むも、坐るも臥《ふ》すも、すべてが禅であり、禅でなければなりません。生活そのものが禅なんです。この点の詳しいことは本論で述べますが、したがってわたしたちが食べる行為も禅であり、読書をするのも禅であり、糞をするのも禅であります。ただ禅寺に行って坐禅をすることだけが禅ではないのです。

だからわたしは、毎日の生活のなかでしっかりと禅を行じていきたいと考えています。

これはちょっと悪口になるのですが、禅僧（禅の世界の住人）のうちには、禅堂においては立派でほれぼれするような禅僧も、たとえば酒席においてはおかしな振る舞いをなさる方が大勢いらっしゃいます。もっとも、わたし自身が酒席においてそれほど立派ではないのですが、そのわたしからして眉を顰《ひそ》めたくなる方がおいでになるのです。それじゃあ何のための禅かと思いますね。ただ禅のテクニック（技巧）だけではダメなんです。わたしたちが禅を学ぶのは、この苦しみの人生をどう生きればよいか、その示唆を得るためですよね。わたしはそう考えます。

それ故、わたしは、わざわざ禅寺に行って坐禅をしなくとも、サラリーマンが日常の勤務の中で、通勤電車の中で、ベッドの上で、気軽に学べる禅――坐らぬ禅を考えています。読者は禅の考え方、禅の教え、禅の示唆するところを学び、それを日常生活に活かしてください。本書はそのためのものです。

著者のひろさちや氏は、二〇二二年（令和四）四月に逝去されました。本書は、没後ひろ氏の仕事部屋から見つかった書下ろし原稿をご遺族の了承を得て発刊するものです。

坐らぬ禅　目次

第Ⅲ部 終りと始め 195

装丁 福田和雄（FUKUDA DESIGN）

第Ⅰ部　禅仏教とは何か？

阿呆 vs. 馬鹿

禅とは何か？　その問いにわたしなりに答えるとすれば、

――阿呆になれ！――

――馬鹿になるな！――

に尽きると思います。じつはわたしは大阪に生まれました。十八歳のとき大学入学のために東京に来て、それ以来、七十年近くの歳月を東京に暮らしていますが、いまだに大阪人を自覚しています。

そして、大阪人にとっては（例外もあるでしょうが）、〝馬鹿〟よりも〝阿呆〟のほうが好きなんです。「お前は阿呆やなあ……」と言われても、あまり腹は立ちませんが、「馬鹿！」と言われると腹が立ちます。

ところが、わたしの愚妻は東京の人間です。この東京の人間に言わせると、むしろ〝馬鹿〟のほうが好きなようで、「阿呆！」と言われると鼻汁を垂らした人を思い浮かべ、いやな気がするそうです。もっとも、これは個人差もあるようで、〝馬鹿〟が好きか〝阿呆〟が好きか、一概には断定できないでしょう。

だが、以下においてはわたしの好みにしたがって、〝阿呆〟のほうをいい意味で、〝馬鹿〟のほうを悪い意味に使わせていただきます。〝馬鹿〟のほうが好きな人は、以下の文章における〝馬鹿〟を〝阿呆〟に、〝阿呆〟を〝馬鹿〟に置き換えて読んでください。先日、名古屋の人に聞きますと、「わたしは〝戯《たわ》け〟のほうが好きです」と言われましたが、その人は〝阿呆〟を〝戯け〟に置き換えてください。

ともかくわたしは、〝馬鹿〟と〝阿呆〟をまったく違った意味に区別して使いたいのです。

では、〝阿呆〟と〝馬鹿〟をどのように区別したいのでしょうか？

まず、何か問題が生じます。

たとえば、わが子が不登校になったとします。

中学二年の男子だとします。その場合、なんとかわが子を学校に行くようにしたいと願うのが馬鹿です。そしてあれこれ対策を考えます。カウンセラー（臨床心理士）と相談したり、ときには暴力を振るってわが子を学校に連れて行ったり、あれこれ画策します。

そして、ときにはうまくわが子が学校に通うようになることがあります。そのとき、その人は馬鹿ではありません。賢い人です。

でも、たいていの場合は、そうはうまく運びません。子どもはますますひねくれ、最悪の場合は子どもが自殺することもあります。

〈それであれば、無理に学校なんか行かせようとすべきではなかった……〉

と親は後悔するはめになるのですが、それが馬鹿なんです。

つまり、なかなか解決できない問題が生じて、それを解決しようと努力し、そして失敗するのが馬鹿です。

だから禅は、あなたに、

――馬鹿になるな！――

と教えています。もちろん、容易に解決できる問題に対して、手をこまねいて呆然としておれ、というのではありません。解決できる問題は、ちゃんと解決に向かって努力すべきです。

＊

一方、阿呆のほうは、わが子が不登校になれば、

「そうか、学校に行きたくないのか……。お父さんだって会社に行きたくないこともあるよ。じゃあ、きょうはお父さんも会社を休むから、二人でのんびりハイキングにでも行こう。そして明日からは、おまえは学校を休んで、好きなことをしていればいい」

と言えるような人です。

禅がすすめているのは、そのような、

――阿呆になれ！――

ということです。

でも、誤解しないでください。そうした阿呆になれば問題（この場合はわが子の不登校）が解決できるわけではありません。うまく解決できる場合もあれば、そうでないこともあります。しかしまあ、親子の断絶といった事態になることだけは避けられるでしょう。もっとも、それだって分かりませんよ。あくまでも希望的観測です。

＊

阿呆になって、うまく行ったケースを紹介しておきます。

三十年も昔の話ですが、知人の禅僧の息子さんが高校二年のとき、運動部の部室で飲酒しているところを見つかり、学校側から一週間の登校停止・謹慎処分を受けました。父親はその宗派の行政にタッチする忙しいお坊さんでしたが、その処分を聞くと、「俺も一週間、休むことにする」と宗務庁には「病気休養」の届けをし、息子と一週間付き合ったそうです。「で、一週間、どうしていたのですか？」と言ったわたしの問いに、

「一緒に酒を飲んでいた」

との答え。いいですか、未成年飲酒によって登校停止処分になった息子と酒を飲むのだから、まさに阿呆のすることです。

一週間、朝から晩まで酒を飲み、そして最後の日に、父親は息子に聞いたそうです。

「いよいよ明日から学校だな……。しかし、おまえが、〝あんな学校に行きたくない〟と言うのであれば、退学したっていいんだぞ。そのときはお父さんは、海外留学のことも考えてやる。また、おまえが僧侶になりたいのであれば、その道も考えてやる。おまえはどうしたいのか？」

それに対する息子の返答は、

「おやじ、俺もこの一週間、あれこれと考えた。そして、もう一度やり直してみる決心をした」

というものでした。

さすが禅僧！　そう言いたくなりますね。見事に阿呆になったのです。

父親が息子に一週間という貴重な時間をプレゼントしてやったのです。後日談ですが、その息子は宗門の大学を卒業し、立派なお坊さんになっています。

＊

けれども、息子や娘が親の思っている通りに、再び学校に行くことを期待して阿呆にならないでください。そんな期待があるのであれば、その人は馬鹿です。

よくあることですが、世間では、

――自分が変われば、相手が変わる――

といったことが言われています。それはその通りですが、それで相手を変えるために自分を変えようとする人がいます。その結果、たとえば嫁と姑《しゅうとめ》の関係において、

「わたしがこのようにお義母《かあ》さんにやさしくしているのに、お義母さんはちっとも変わってくれない」

と嘆く女性がいます。これは嫁と姑の関係ばかりでなく、会社の人間関係だって同じですが、そういう人はつまりは相手を変えようとしているわけで、馬鹿と評するよりほかありません。

雨受けに笊

やはりここで、ちょっと禅僧にまつわる話をします。本書は禅の本ですから、禅僧にまつわる話を読者は期待しておられるでしょうから。しかし、禅僧の本格的な話は第II部で紹介します。いまは禅への入口として禅僧に登場してもらうだけです。

関山慧玄《かんざんえげん》（一二七七―一三六〇）という禅僧がいます。わが国南北朝時代の人で、のちに花園上皇に迎えられて京都の妙心寺の開山となった人物ですが、この話は彼が美濃（岐阜県）の山中に隠棲していたころのものと思われます。

ある日、にわかの大雨で、本堂に雨漏りがします。

「雨漏りじゃ！　何か受けるものを持って参れ！」

彼は弟子たちに命じました。

しかし、雨漏りのするほどの貧乏寺だから、バケツのようなものがあるわけがありません。大勢の弟子たちは、何かないかとうろうろとしています。

すると一人、とっさに勝手元にあった笊《ざる》を持って駈《か》けつけた小僧さんがいました。この小僧の名は伝わっていませんが、わたしは勝手に〝珍念《ちんねん》〟と命名しておきます。

慧玄「雨漏りじゃ！　何か持って参れ！」――珍念「はいっ！」と笊。

そういう光景です。

そして、そのあと、慧玄は他の小僧たちを叱りました。

「おまえたちに較《くら》べると、珍念は偉い！　おまえたちは珍念の爪の垢《あか》でも煎じて飲むがよい」

と訓示したそうです。

「そりゃあね、笊でも無いよりはましですよね」

わたしがこの話をすれば、そう言う人がおいでになります。その人は禅が分かっておられないのです。だって、何をどう考えたって、笊は雨受けの役には立ちませんよ。では、なぜ慧玄は珍念を褒めたのでしょうか？　それは、他の大勢の小僧さんが馬鹿だからです。その馬鹿に較べると、珍念は阿呆で、禅の世界では馬鹿よりも阿呆のほうがいいのです。

大勢の小僧さん――雨受けになるものは何か無いか？……うろうろ、きょろきょろ――それが馬鹿。

珍念――この貧乏寺に雨受けになるものは何も無い！……お師匠さんはそれを承知で「何かを持って来い」と言っておられる……たまたま笊があった……「はい」――それが阿呆。

いえ、珍念はそのように分析的に考えたのではありません。彼は反射的にとっさに笊を持って駈けつけたのです。その態度は、師の慧玄からすれば、他の弟子たちの「うろうろ、きょろきょろ」よりは禅の境地により近いものと思われたのでしょう。

大昔、わが息子が幼稚園児であったころ、わたしが机の角に脚をぶつけて、

「痛い！　痛い！」

とわめいていたことがありました。するとすぐさま息子が、

「はい、お父さん！」

と、とっさに孫の手を持って駈けつけてくれたことがありました。

わたしは、

〈やはり子どもだな……。痛さに孫の手が役に立たないことさえ分かっていない〉

と、別段、それで息子を叱ったわけではありませんが、そんな感想を抱いたことを記憶しています。しかし、

雨受けに……笊、

痛いときに……孫の手、

といったことから考えると、関山慧玄であればわが息子を褒めるはずです。何を持って行ってあげればよいか、分からない……でも、あんなに痛いとわめいているのだから、普段愛用している孫の手がいいかもしれない……だから「お父さん、これ！」――とっさの行動を起こした愛情を、きっと禅僧であれば褒めるに違いありません。ということは、大昔のわたしにはまったく禅が分かっていなかったのです。

＊

しかしながら、もしも珍念が、

〈わが貧乏寺に雨受けになるものは何も無い。それなのにお師匠さんは〝何かを持って来い〟と言っておられる。それじゃあ、ここにある笊ぐらいを持って行けばいいだろう〉

と考えて、笊を持って駈けつけたのであれば、きっと慧玄は珍念を褒めなかったであろうと思います。褒めぬどころか、ひょっとしたら破門にしたかもしれません。

なぜか？　問題は、その「考えた」ところにあります。

ここのところは詳しく説明しないと理解してもらえないでしょうが、禅の世界ではぐだぐだ考えることを嫌う。

たとえば満員電車の中で、乗って来た老婆に席を譲る。何も考えずにさっと譲ればよいが、一瞬のタイミングがずれると、目の前の老婆はそっちのけで、

〈あの若者が譲るべきだ。あいつは俺よりも若いのだから……〉

〈あの優先席に坐っている女性がけしからん！　若い女性があそこに坐る権利はない！　この婆さんは、あの優先席の前に立つべきだ〉

〈そもそも、老人は暇なんだろうから、もっと空《す》いている時間帯に乗るべきだ〉

〈ＪＲが悪い！　優先席に坐っている若者から罰金を徴収すべきだ。そうすると老人や身障者が坐れるようになる〉

と考えるようになります。でも、いくらあなたが頭の中でぐだぐだ考えても、老婆が坐れるわけではありませんよ。それならいっそどっしと坐っていて、

〈婆さん、すまんな！　わしを坐らせておいてくれ！　婆さん、ありがとうよ〉

と思っていればよいのです。

それが仏教者の行動であり、禅の考え方です。

三度の遣い

日常語において〝分別〟はいい言葉です。われわれは、子どもに「分別がついた」といって喜びます。

しかし、仏教語としての〝分別〟は悪い意味で使われる言葉です。ちょっと堅苦しい解説ですが、『岩波仏教辞典』には次のようにあります。

《分別《ふんべつ》〔s:vikalpa〕対象を思惟《しゆい》し、識別する心のはたらき。すなわち普通の認識判断作用をいう。凡夫《ぼんぷ》のそれは、個人の経験などによって色づけられた主観と対象としての事物との主客相対の上に成り立ち、対象を区別し分析する認識判断であるから、事物の正しいありのままの姿の認識ではなく、主観によって組み立てられた差別相対の虚構の認識にすぎない。それゆえ凡夫の分別は〈妄分別《もうふんべつ》〉であり、それによって得られる智慧《ちえ》の〈分別智〉も事物に対する一面的な智慧でしかない。それに対し、主客の対立を超えた真理を見る智慧を〈無分別智〉という。……》

ともかく仏教の考え方によると、分別および分別智（分別によって得られる智慧）でもっては、事物の正しいありのままの姿は認識できないのです。にもかかわらずわれわれは、分別をはたらかせて物事を判断しようとします。それを禅では「馬鹿」といい、われわれに「馬鹿になるな！」と教えるのです。

たとえばある水族館では、飼育している魚の餌に金魚を与えていました。すると来館者は「残酷だ！」と非難します。それでその水族館では餌をドジョウに替えました。すると誰も文句を言わなくなったそうです。あんなにきれいでかわいい金魚が他の魚に食われるのは残酷で、ドジョウが食われるのは当然。それが分別智の判断です。おかしな判断ですね。

〝雑草〟なんて言葉は昔はなかったのです。それが近代になって、

《雑草……耕作地や林野に生育する草本で人間の生産の目的に沿わない無用または有害なもの。日本に約五〇〇種。耕地に栽培する草本でも、他の耕地に侵入してそこで有用性がないときはこれも雑草という。……これらの雑草はその地に固有な種類は少なく、ふつう広い地域に分布。帰化植物も多い。なお、一般に見ばえのしない雑多な草を広く雑草ということも多い》（『マイペディア 小百科事典』平凡社）

と区別されるようになりました。これも分別智による区別ですね。

だとすると仏教でいう分別は、なにも区別や差別をする必要のないものを、人間が勝手に区別・判断していることを言ったものだと思います。

したがって、分別というものは、人間の勝手な物差しにもとづいてなされるということです。

きちんと学校に行く子はいい子で、登校拒否をするような子は悪い子。会社をずる休みするような社員は悪い社員。それが人間の勝手な物差しです。では、有給休暇は何のためにあるのですか？　きょうは休みたいと思えば休む。それが労働者の当然の権利ではありませんか。会社のこんな忙しい時期に休むなんてけしからん！　そう考える経営者のほうがおかしいのではありませんか?!

そこでわれわれは、この人間の勝手な物差しを、

――世間の物差し――

と呼ぶことにします。世間の常識・世間の価値基準に迎合してつけられた目盛りだから世間の物差しなんです。

そして、この世間の物差しにもとづく判断を、仏教は分別と呼んでいるのです。

また、いつもいつもそうした世間の物差し（分別智）ばかりを振り回している人が馬鹿なんです。そのような馬鹿になってはいけないというのが、仏教、とりわけ禅の教えです。

＊

盤珪永琢《ばんけいようたく》（一六二二―九三）という禅僧がいます。彼については第II部で紹介するつもりですが、以下の話は彼が山科《やましな》の地蔵寺に住していたときのものです。

師、地蔵（寺）に在り、従をして上品紙を京市に買はしむ。其徒子貢の質あり、私《ひそ》かにこれを比量して求め来る。……。

と、『正眼国師逸事状』（鈴木大拙編校『盤珪禅師語録　附・行業記』岩波文庫）にあります。

正眼国師とは盤珪禅師のことです。

さて、問題は、山科から京都まで上質紙を買うための遣いに出された弟子（侍者）にあります。彼はあれこれ吟味して紙を買って来ました。

だが、弟子の買って来た紙を見るなり、盤珪は、

「これじゃだめだ！」

と撥《は》ね付けます。それで弟子は、もう一度京都まで足を運びました。そして別の紙を買って来ます。

「これも、だめじゃ！」

その紙も師の気に入りません。

弟子は三度目、京都に行きます。

けれども、三度目に購入して来た紙も、師は肯《がえん》じません。

「これもだめじゃ！」

その一言で、弟子は自分の過《あやま》ちに気づき、師に詫びます。

「そうか、分かったか。なに、そうなのじゃ。別段、最初の紙でもよかったのじゃ」

盤珪はそう言いました。

分別智vs.無分別智

読者に、盤珪の考え方がお分かりになりましたか？　禅の考え方はなかなかむずかしいですね。

盤珪が弟子に教えたかったことは、

「おまえは馬鹿だ！　馬鹿であってはいかん！」

ということでしょう。あるいは反対に、

「阿呆になれ！」

ということだったと言ってもよいでしょう。ただし、前にも述べたことで繰り返す必要はないかもしれませんが、〝馬鹿〟と〝阿呆〟は入れ替えてもらってもかまいません。ともかく、

「あまり分別智を振り回すな！　無分別智をはたらかせよ！」

と、盤珪は弟子に教えたかったのだと思います。

それが証拠に、『正眼国師逸事状』は、その弟子について、

《其徒子《し》貢《こう》の質あり》

と言っています。子貢というのは孔子の弟子で、

《子貢……孔門十哲の一人。姓は端木、名は賜、子貢は字《あざな》。弁舌・政治力にすぐれ、斉が魯《ろ》を攻撃しようとしたとき、諸国を遊説し、これを救った。また貨殖の才もあった。生没年未詳》

(『大辞林』)

といった人物です。なかなか立派な人物です。

けれども、その「立派」というのは世間の物差し(分別智)によるそれであって、その世間の物差しを否定した仏教の物差し=仏の物差し=無分別智によるとそうではないのです。

おそらくその弟子は分別智をはたらかせて、商家においてあれこれの紙を比較・考量して、また値段のことも考えて買って来たはずです。だが、比較・考量すれば、必ず迷いが残ります。彼が選んだものより、

〈いや、あちらのほうがよかったのかもしれない……〉

と、じくじく考えながら帰って来たに違いありません。

盤珪にすれば、弟子が選んだものであればどんな紙でもよかったのです。だから彼は、「別段、最初の紙でもよかったのじゃ」と言っています。にもかかわらず弟子は、「迷い」まで一

緒に買って来た。それを師は叱ったのです。

「おまえは紙を買って来ればよい。なんで迷いまで一緒に買って来るのじゃ」

師はそのように言っているのです。

だが、弟子にそれが分からない。それで再び京都に行くはめになったのです。

では、弟子が迷いまで一緒に買って来たことを、どうして盤珪が気づいたのでしょうか？

そんなの、弟子の態度を見ればすぐに分かることです。そして、もし弟子が「迷い」を一緒に買っていないのなら、師が「これじゃあ、だめだ！」と言ったとたん、

「ああ、そうですか、これで気に入らないのであれば、誰か他の弟子に行かしてください。わたしは行きません」

と言ったはずです。「それぐらいの気構えで買って来い！」と、盤珪は言っていたのです。

でも、弟子にはそういう気構えがなかった。わたしは、子貢の質ありと言われたこの弟子は、馬鹿だと思いますね。

*

そこへ行くと珍念は偉い！

珍念は無分別智で行動しています。彼には、〈どうすれば師匠に褒められるであろうか……〉といった邪念はありません。何も雨漏りに役立つものの無い庫裡《くり》（寺院の台所）を見渡

して、自分が、
〈これだ!〉
と思う、最善・最高の物——笊——を持って駈けつけたのです。それを関山慧玄は高く評価したのです。それこそが無分別智のはたらきです。
つまり禅は、
馬鹿——子貢——になるな!
阿呆——珍念——になれ!
と教えています。

*

われわれが病気になってじくじく悩むのは馬鹿です。いかなる病気であれ、病気は治るまでは治りませんよ。そして病気の治るまでは、その人は病人です。

ならば、病気になれば、われわれは病人として毎日を楽しく送るようにすればいい。阿呆はそう考えます。

貧乏人が金持ちになろうと努力するのは馬鹿のすることです。そもそもいくらぐらい金を持っているのが金持ちかといえば、国際水準的には日本円に換算して五十億円以上の資産を有している人が金持ちだそうです。だとすれば、読者の大部分は、自分の生涯の所得を合計しても

(ということは、飲まず食わずにいても)五十億円に程遠いでしょう。それ故、あなたは金持ちにはなれません。なのに金持ちになろうと努力するのは、馬鹿がすることです。

阿呆は、貧乏なまま毎日を幸福に生きようとします。そういう阿呆になれ！　というのが、禅の教えです。

なんだっていい

では、どうすれば阿呆になれるでしょうか……？

じつは、それが第II部のテーマです。第II部においては、われわれがいかにすれば阿呆になれるかを、過去の禅僧・高僧に学ぼうと思っています。この第I部においては、予備的に阿呆になるために心すべきことを書いておきます。

＊

まず第一にわれわれは、

――なんだっていい――

と考えることです。これはある意味で、自分の欲望・邪念を捨てることになります。また、それは「あきらめ」にも通じます。

もちろん、誰にだって欲はあります。しかし、その欲を充たそうとすれば、いま、目の前にあるものが気に入らなくなります。弟子が買って来た物を、

「もう少しいい物を……」

「もう少し安く値切って……」

と思うわけです。欲望というのは、いつだって「もう少し……」なんです。それなら、弟子に買いに行かせず、自分で買いに行けばいいではないか……となりますが、自分で買って来ても、〈もう少し値切ればよかった〉〈もう少し高級品にすればよかった〉となります。だから盤珪禅師のように、最初から〈なんだっていい〉と考えておくべきです。

だが、誤解しないでください。友人から招待されて、その友人から、

「ビールもあるよ。ウィスキーもある。日本酒もある。ワインもある。焼酎もあるよ。何にする？」

と問われて、「なんだっていいです」と答えるのはまちがっています。わたしなら、そういう応答をされると、水を出してやりますね。自分の希望が叶うもの、思うようになるものであれば、自分の希望を言うべきです。自分の希望を言わずに相手にまかせてしまうのは、奴隷のやることです。

したがって、そこのところを丁寧に言えば、

——なんだっていいものは、なんだっていい——

となります。

ところが、人間の欲望というものは、自分の思うがままにならないことを思うがままにしたいと思ってしまいます。息子や娘に不登校をやめさせることは、親の思うがままにはなりません。他人の気持ちはこちらの思うがままにはならないのです。そうすると、そういう場合は、不登校のままでもよいし／学校に行くようになってもいい（なんだっていい）と思うべきです。そして、たいていの場合は親の希望通りにはなりませんから、そういうときはあきらめるべきです。

ただし、この「あきらめ」も、多くの人が考えるあきらめ——諦め・断念・思いきる——ではありません。これも、自分の努力によって改善できる、思うがままにできることであれば、努力すべきです。そういうケースにおいて努力を放棄するのは怠け者（もっと言えば馬鹿者）のすることとです。したがってここでいう「あきらめ」は、人間の努力によって改善できることか／できないことかを明らかにする「明らめ」です。その点をまちがえないでください。

南無そのまんま

阿呆になるために、われわれが次に心すべきことは、

——そのまんま・そのまんま——

と考えることです。これはある意味では、「なんだっていい」という考えに通じます。

ある講演会のあと、一人の青年が講師控室にいるわたしを訪ねて来ました。

「先生、ぼくは引きこもりなんです。どうしたらいいでしょうか？」

と彼は言います。年齢を問うと、「二十六歳」だそうです。引きこもりのため、中学は卒業させてもらえたが高校を中退し、いちおう検定試験を受けて大学に入学したものの、それもすぐに退学して、そのあとずっと家に引きこもっているそうです。それにしても、よく講演会場まで来られたものです。

すぐさま、わたしは青年にこう言いました。

「きみね、せっかく引きこもりになったのだろう。じゃあ、もうしばらく引きこもりを続けてみたら……」

きっとわたしの返答が青年の思ってもいないものだったのでしょう。彼はにこっと笑いました。

引きこもりはよくない——というのは世間の物差しです。でも、引きこもりになった人間は、思うがままに引きこもりをやめることができるかといえば、それは不可能です。

その「思うがままにならないこと」を思うがままにしようとするのが馬鹿です。世間のほとんどの人が馬鹿になっています。

世間の人は、わたしの「もうしばらく引きこもりを続けなさい」というアドバイス（忠告）をけしからんと非難するでしょう。では、わたしが「引きこもりをやめなさい」と言って、青年はすぐに引きこもりをやめることができるでしょうか。もうしばらく（それは二、三日かもしれないし、二、三か月かもしれない、あるいは二、三年かもしれません）は引きこもりを続けるよりほかないのです。わたしのアドバイスがまちがっているとは思えません。

そして、わたしは青年に教えました。

「きみね、どうしても苦しくなったら、

〝南無《なむ》そのまんま・そのまんま〟

とお唱えするといいよ」

〝南無〟というのは、サンスクリット語の〝ナモー〟を音訳したものです。その意味は「おまかせします」です。「南無阿弥陀仏《あみだぶつ》」は「阿弥陀仏におまかせします」の意で、「南無妙法蓮華経《みょうほうれんげきょう》」は「『妙法蓮華経』（それは『法華経』のことです）におまかせします」の意。日蓮宗のお題目ですが、日蓮宗においては『法華経』を釈迦仏と同一視しているのです。「南無阿弥陀仏」は浄土宗、浄土真宗などで称えるお念仏です。したがって、本当は青年に「南無阿弥陀仏」あるいは「南無妙法蓮華経」「南無釈迦仏」を唱えなさいと教えてもいいのですが、青年の宗派が分かりませんので、「南無そのまんま・そのまんま」とお唱えしなさいと教えました。これは、

――あなたはそのまんまでいいんだよ――

といった意味です。引きこもりになれば引きこもりのままでいい。仏はそう言ってくださっているのです。「南無そのまんま・そのまんま」と唱えつつ、仏がそう言ってくださっていると聞けばいい。わたしは青年にそう教えました。

＊

「南無そのまんま」こそ、禅の教えです。わたしはそう思います。

わたしが病気になれば、しばらくはわたしは病人です。その病人が、なんとか早く病気を治したいとあくせく、いらいらするのは馬鹿です。馬鹿な病人になってはいけません。阿呆な病人になってください。

阿呆な病人は、阿呆のまま、毎日を楽しく過ごす算段をする人です。病人であっても、できることは数多くあります。パーキンソン病患者で山登りの好きな人をわたしは知っています。

前にも言いましたが、なんとか貧乏を克服して金持ちになりたいと考えている人は馬鹿です。世間の常識では、金持ち＝幸福で、貧乏人＝不幸ですが、大金持ちであっても不幸な人は大勢

います。逆に貧乏であっても、幸せに生きている人も多いのです。わたしたちは貧乏であれば、幸福な貧乏人になればいいのです。それが阿呆の生き方であり、「南無そのまんま・そのまんま」の精神です。

＊

ともかく、禅の教えは、

――馬鹿になるな！――

――阿呆になれ！――

です。そういう生き方を禅僧たちから学んでください。しんどい坐禅なんかしなくてもいいのです。そんなことを言えばお坊さんから叱られること必定《ひつじょう》ですが、わたしはそんなふうに思っています。

第II部　禅僧列伝

1 釈尊《しゃくそん》（前五六六―前四八六）

釈尊から始めることにします。では、釈尊は禅僧か？ と問われるなら、そうではないと答えざるを得ません。にもかかわらず釈尊から始めるのは、釈尊は仏教の開祖であり、禅はときに〝禅仏教〟と呼ばれるように、仏教の一つだからです。

とはいえ、わたしたちが最初に取り上げるのは、禅の世界で語られている一つの伝説です。

釈迦世尊が昔、霊鷲山《りょうじゅせん》で説法されたとき、一輪の花を手に持って人々に示された。そのとき、人々はみな黙っているだけであったが、ただ摩訶迦葉《まかかしょう》尊者だけは顔を崩してにっこりと笑った。

そこで世尊が言われた、

「わたしのところには、正しい仏法を読み取ることのできる智慧の眼《まなこ》をおさめた蔵《くら》があり、それは妙《たえ》なる涅槃《ねはん》の境地に導く教えであり、存在と無の両面にわたる教えであり、不可思議の法門である。摩訶迦葉よ、この法門をそなたに託すから、言葉や文字によらずに、経典の教えとは別に後世の人々に伝えてもらいたい」と。

世尊、昔、霊山会上《りょうぜんえじょう》に在って花を拈《ねん》じて衆《しゅ》に示す。是《こ》の時、衆皆《み》な黙念たり。惟《た》だ迦葉《かしょう》尊者のみ破顔微笑《はがんみしょう》す。世尊云く、「吾に正法眼蔵、涅槃妙心、実相無相、微妙の法門あり。不立文字《ふりゅうもんじ》、教外別伝《きょうげべつでん》、摩訶迦葉に附嘱《ふしょく》す」。

これは禅の公案集である『無門関』（第六則）からの引用です。『無門関』は、中国宋代の禅語の無門慧開《えかい》（一一八三―一二六〇）が編んだものです。しかし、ここに引用した話は、禅が釈尊の教えにもとづくものであることを言わんがためにつくられたものであって、歴史的事実としてこの通りの出来事があったと思わないでください。これはあくまで伝説なんです。

伝説としては、釈尊はあるとき霊鷲山の頂上において、大勢の僧たちに説法されました。霊鷲山というのは、古代インドのマガダ国の首都の王舎城《おうしゃじょう》（ラージャグリハ）にある小高い山です。そして、その日の説法はちょっと変わっていて、一輪の花を人々に示されただけです。何も語られません。だから人々はぽかんとしています。ところが高弟の摩訶迦葉（マハーカーシ

ャパ）だけは、にこっと笑ったのです。つまり、

「お釈迦さま、分かりましたよ」

といったサインを送ったわけです。

それで釈尊は言われました。

「わたしには、仏教を正しく理解できる智慧の眼《まなこ》があり、それをおさめた蔵《くら》がある。それは人々を涅槃《ねはん》の境地（悟りの境地）に導く不可思議（考えることのできない）の教えである。摩訶迦葉よ、この教えをそなたに託すから、言語や文字によらず、経典の教えとは別に、後世の人々に伝えてほしい」

と、こういう伝説です。


さて、わたしたちは、原文にある三つの四字熟語、

――正法眼蔵・不立文字・教外別伝――

を検討することにしましょう。

正法眼蔵――
正法というのは正しい仏教の教えです。その正しい仏教の教えは、経典になって蔵におさめ

られています。それが正法蔵です。

では、その経典を読めば正しい仏教の教えが分かるかといえば、そうではありません。誤読・誤解・曲解があるからです。読む人が違えば、読み取る内容に大きな違いが生じます。

そこで、経典の文字（言葉）を正しく理解するには智慧が必要です。もっとも、その智慧は損得の知恵ではありません。あるいは下種《げす》のあと知恵と呼ばれるようなものでも困ります。正しく仏教を理解できる智慧です。わたしが〝智慧〟と〝知恵〟を区別して書いていることに留意してください。〝智慧〟というのは、仏教語でいう〝般若《はんにゃ》〟と同じです。〝般若〟はサンスクリット語の〝プラジュニャー〟（その俗語形の〝パンニャー〟）を音訳したものです。真理を認識するための根源的な叡智を意味します。

そして禅は、そのような智慧を〝眼〟と呼びました。だから、〝正法眼〟とは、仏法の真髄を正しく読み取ることのできる智慧になります。そのような智慧をおさめた蔵が〝正法眼蔵〟です。

不立文字――

わたしたちは、釈尊は悟りを開いて仏になられたと思っていますが、その〝悟りを開く〟といった表現は適切でしょうか。〝悟りを開く〟といえば、そこに「悟り」という対象があって、それを人間が自分のものにするといったふうに考えられます。でも、そうではないと思います。むしろ釈尊は悟りの世界の中に溶け込まれた――そういう表現のほうがよいと思います。

だとすると、われわれは釈尊の悟りの世界を言語化することはできません。それは、わたしが一杯の水を飲んで「ああ、おいしい」と言う、そのおいしさを百万言費《つい》やしても他人に伝えることのできないのと同じです。あるいは冬山でスキーをやって、その楽しさを言葉でもって表現するのは至難の業《わざ》であるのと同じです。むしろ相手に一杯の水を飲んでもらう、スキーをやってもらったほうがよいでしょう。だが、いくらやっても、自分が飲んだ水のおいしさが同じである保証はありません。それはそうですが、言葉でもって伝えるより、水を飲んでもらったほうがいいことは確実です。

そして、それが禅がいう「不立文字」です。文字に頼って教えようとするな！　そう言っているのだと思ってください。

教外別伝――

とはいえ、これまでの――禅仏教が登場する以前の――仏教は、すべて言語化された経典によって伝えられてきました。しかし、そのような既存の仏教の外に、別個にこの禅仏教を伝えてほしい。それが釈尊より摩訶迦葉に託されたことです。

繰り返して言っておきますが、『無門関』にあるような、釈尊が摩訶迦葉に禅仏教の伝承を委嘱されたようなことは、歴史的事実ではありません。これは後世の禅仏教の人々がつくりあげた伝説です。

それにしてもこの伝説は、わたしたちに禅仏教というものがどういうものかをよく教えてくれています。

――あまり言葉尻にとらわれるな！――

わたしたちは、それを教訓として学んでおきましょう。

＊

『相応部経典』（三六・六）におもしろい話があります。抄訳でもって紹介します。

あるとき、釈尊は弟子たちに質問されました。

「比丘たちよ、まだわたしの教えを聞かない凡夫は、楽受をうけ、苦受をうけ、非苦非楽受をうける。

比丘たちよ、すでにわたしの教えを聞いた弟子たちも、楽受をうけ、苦受をうけ、非苦非楽受をうける。

では、比丘たちよ、わたしの教えを聞いた弟子たちと、まだわたしの教えを聞かない凡夫と、いかなる違いがあるのか？」

これが試験問題です。

〝受〟というのは、感受性だと思ってください。外界の事物に触れたときに感じる感覚です。美しい花を見て、〈ああ、美しいな……〉と思うのが楽受で、不快な対象に〈汚い〉〈いやだな……〉と思うのが苦受です。いいとも悪いとも思わないのが非苦非楽受です。この感受性（受）は誰にでもあります。

それじゃあ、仏教を学んだ者と学ばぬ者との差はどこにあるか？　釈尊はそのように出題され、誰も返答できないので、ご自身が言われました。

「比丘たちよ、まだわたしの教えを聞かぬ凡夫は、苦受をうけると、歎き悲しみ、声をあげて叫び、胸をうち、心が狂乱するのである。それは、あたかも第一の矢を受けて、続けて第二の矢を受けるに似ている。

それ故、凡夫は苦受をうけると彼は瞋恚《いかり》を感じる。そしてまた彼は、そこで欲楽を求める。なぜかといえば、比丘たちよ、愚かな凡夫は欲楽をほかにしては苦受から逃れる方途を知らないからである。その結果、彼のうちに眠れる貪欲《とんよく》が彼を支配するようになる。要するに愚かな凡夫は、楽受をうければそれに繫縛《けばく》され、もし苦受をうければそれに繫縛され、またもし非苦非楽受をうければそれに繫縛されるのだ。

けれども、比丘たちよ、すでにわたしの教えを聞いた弟子たちは、苦受をうけても歎き悲しまず、声をあげて叫ぶこともなく、胸を打たず、心が狂乱することはない。それはあたかも第一の矢は受けるが、続けて第二の矢を受けることがないのに似ている。

それ故、わたしの教えを聞いた弟子たちは、苦受をうけても瞋恚を感じない。そしてまた彼は、そこで欲楽を求めない。なぜかといえば、比丘たちよ、わたしの教えを聞いた弟子は、欲楽によらずして苦受から逃れる方途を知っているからである。そのため彼のうちに眠れる貪欲が彼を支配することはないのだ。

要するにわたしの教えを聞いた弟子たちは、楽受をうけてもそれに繫縛されず、苦受をうけてもそれに繫縛されず、また、非苦非楽受をうけてもそれに繫縛されることはないのである」

お分かりになりましたか？　愚かな凡夫も仏弟子も、ともに第一の矢を受けるのです。美しい花を見て〈きれいだ〉と思い、石に躓《つまず》けば〈痛い！〉と思う。それには違いはありません。

だが、凡夫は続いて第二の矢を受けます。美しい花を手折《たお》って家に持ち帰ろうとしたり、石に躓けば腹を立てます。それが第二の矢です。

仏弟子は第二の矢を受けません。ただ〈きれいだ〉〈痛い！〉と思うだけです。そして自然に忘れてしまいます。

したがって、第二の矢を受けないようにすればよいのです。釈尊はそう教えておられます。

2 菩提達磨《ぼだいだるま》（生没年未詳）

禅宗の初祖は菩提達磨です。インド名はボーディダルマ。南インドの香至国の第三王子で、六世紀の初頭に禅を伝えるために海路から中国に渡り、梁の武帝に迎えられました。

……と、書けば、あたかも達磨が実在の歴史上の人物に思われます。しかし、『続高僧伝』が伝える達磨に関する事績はかなり潤色、神秘化されており、ひょっとすれば彼は架空の人物ではないかと疑われています。だが、では彼は本当に後世の禅の人たちがつくりあげた架空の人物かといえば、敦煌《とんこう》出土の資料から彼が『二入四行論』などを書いたことはまちがいないので、やはり実在した人物というべきでしょう。

そこでわれわれはまあ便宜的に、

歴史上に実在した人物を……達摩、

禅宗がつくりあげた人物を……達磨、

と表記することにしましょう。以下に述べるのは、その達磨に関する話です。

＊

さて、インドから南海経由ではるばる中国にやって来た達磨は、最初に梁の武帝（四六四—五四九）と面談します。そこのところを『景徳伝燈録』はこう記しています。

武帝が訊ねた。「朕《ちん》は即位して以来、寺院を建立し、写経もし、数多くの僧に援助を与えてきた。それもここに書ききれぬほどやった。これにはどういう功徳があるだろうか？」

達磨が言った。「そんなもの、功徳なんてあるものか」

武帝が言う。「どういうわけで、功徳がないと言うのか?!」

達磨が言う。「それらはこの迷いの世界においてちょっとした報酬を得るためのちっぽけな因縁でしかなく、影が形につきまとっているようなものだ。有るといっても、実際にあるわけではない」

武帝が問う。「じゃあ、真の功徳とは何か？」

達磨が答えて言う。「悟りの浄《きよ》らかな智慧は、完全無欠なものであって、存在論的には〝空〟である。真の功徳は、世間の物差しでもっては測れぬものだ」

また武帝が訊ねた。「いったい最高第一の真理とは何か？」

達磨が答える。「大空のごとくからりとしていて、最高も糞もあるものか」

武帝が言う。「朕《わし》に対するおまえは何者か？」

達磨が言う。「さあ、知らんね」

武帝はそれでも悟らなかった。そこで達磨は、まだ機が熟していないと見てとって、その月の十九日、ひそかに江北に去って行った。

帝問うて曰《いわ》く。朕《ちん》、即位して已来《いらい》、寺を造り、経を写し、僧を度すること、勝《あ》げて記すべからず。何の功徳か有ると。師曰く。並びに功徳無しと。帝曰く。何を以てか功徳無きと。師曰く。此れ但だ人天の小果、有漏《うろ》の因にして、影の形に随うが如し。有ると雖も実に非ずと。帝曰く。如何なるか是れ真の功徳と。答えて曰く。浄智は妙円にして、体、自《おのず》から空寂なり。是の如くの功徳は世を以て求めずと。帝、又問う。如何なるか是れ聖諦第《しょうたいだい》一義《いちぎ》と。師曰く。廓然無聖《かくねんむしょう》と。帝曰く。朕に対する者は誰ぞと。師曰く。不識《ふしき》と。帝領悟せず。師、機の契《かな》わざることを知り、是の月の十九日、潜《ひそか》に江北に廻《めぐ》る……。

わたしは、昔は、達磨は武帝の俗物ぶりに辟易して、武帝を軽くあしらっているのだと読んでいました。しかし、いま読み返してみて、なかなかどうして達磨は親切丁寧に武帝に応答していることに気づきました。だが、武帝には達磨が言っていることがまるで分っていない。それでおかしな問答になってしまったのです。まあ、それも無理はありませんがね。

常識人の武帝は、いいことをすればいい結果が得られると信じています。これは、われわれ俗人のみんなが考えていることです。でも、実際はそうではありません。いいことをしていい結果になることもあれば、いいことをした結果、悪いはめになることだってあります。むしろ後者のほうが多いでしょう。では、いい結果――というより、むしろいい報酬あるいはいい功徳といったほうがよさそうです――が得られないからといって、あなたはいいことをするのを止《や》めますか?! 達磨はそのことを言っているのです。

つまり達磨は、武帝が結果・報酬・功徳を求めて、寺を造り、経を写し、僧を度している、そんなことをやめろ！ と叱っているのです。そんなことをしたって、

――無功徳（功徳なんてあるものか！）――

と喝破しています。寺を造り、経を写するのが楽しいから、そうさせていただく。そういう気持ちで造寺、写経をすべきなんです。達磨は武帝にそう教えたのです。

わたしたちが他者に親切にするのも、この「無功徳」の気持ちですべきでしょう。お礼を期待して人に親切にするのであれば、返礼のないとき、あるいは自分が期待していたほどの返礼が得られないとき、腹が立ちます。そんな親切であれば、止めてしまえ！ 達磨はそう言っているのです。

＊

でも、武帝には達磨の言っていることが分からなかった。そりゃあ、そうでしょう。達磨の教える禅仏教は、それまでの仏教の教えとはまったく違ったものだったからです。それまでの仏教は、「いいことをしなさい。そうすりゃあ、すばらしい功徳が得られますよ」というものであったのに、達磨は「無功徳！」と言うのだから、武帝がそれを理解できないのは当然です。で、達磨のほうは、〈こりゃ、ダメだ〉と思ったのでしょう。梁を去って北魏《ほくぎ》に行き、嵩山《すうざん》少林寺において独り面壁《めんぺき》しました。九年間も坐禅を続けたもので、手も足も無くなって、人形のようになってしまった。巷間ではそういう俗説が語られています。だが、それは嘘ですよ。坐禅のあいだには、経行《きんひん》といって一定の場所を歩く運動をします。それに九年間、坐り続けていたところで、手足が無くなったりはしません。だるま人形は、禅僧が戸外で坐禅をするとき、寒さや蚊などを防ぐために大きな布でもって全身をすっぽり覆《おお》う、その姿からきたものでしょう。

3　慧可《えか》（四八七—五九三）

少林寺において、達磨は、誰か禅を伝える相手がやって来るのを、面壁九年のあいだじっと待っていました。

彼はじっとしているだけです。積極的に弟子をさがすことはしません。では、誰もやって来なければどうなりますか？　その場合は、たぶん中国人には禅は縁は無いのだと達磨は諦めただろうと思います。

だが、幸いにも、そこに神光という男がやって来ました。この神光が達磨の弟子になり、禅宗第二祖となるのです。その僧名を慧可といいます。われわれは最初から〝慧可〟の名前で押し通すことにしましょう。

達磨と慧可の出会いを、『無門関』（第四十一則）は次のように書いています。

達磨が面壁坐禅をしていた。二祖（慧可）が雪の中に立っている。そして自分の臂《ひじ》を切断してこう言った。

慧可「弟子はまだ不安です。どうか師よ、わたしを安心させてください」
達磨「それじゃあ、心を持っておいで。おまえさんのために安心させてあげよう」
慧可「心を捜し求めましたが、どうしても見つかりません」
達磨「おまえさんのために、安心させてあげたよ」

達磨面壁す。二祖雪に立つ。臂を断って云く、「弟子、心未だ安からず。乞う、師よ、安心《あんじん》せしめよ」。磨云く、「心を持ち来れ、汝が為に安んぜん」。祖云く、「心を覓《もと》むるに了《つい》に不可得なり」。磨云く、「汝が為に安心し竟《おわ》んぬ」。

『無門関』は、ポン・ポンと話をすすめています。しかし、実のところ、ここには相当のタイムラグ（時間のずれ）があるはずです。

まず、達磨面壁す――というのは、すでに述べたように九年間もの面壁坐禅です。長い長い時間が流れているのですね。

二祖雪に立つ――も、いきなり雪の中を二祖の慧可がやって来たのではありません。現在でも入門者が禅寺を訪れたとき、すぐに入門は許されません。取り次いでくれるのを待つだけで半日はざらにかかります。昔は、三日も四日も、庭で待たされることもあったようです。慧可が達磨の弟子となるまでのあいだ、ひょっとしたら二、三か月はかかったかもしれません。

それで、なかなか入門を許されない慧可は、〈なぜか……？〉とあれこれ考えたに違いありません。達磨は面壁のまま黙っています。そのとき、慧可は気づきました。それが、臂を断つ――です。彼はみずからの左臂を切断し、それを右手に持って達磨に示します。雪の上にポタポタと落ちる真っ赤な血。絵になる場面です。

なぜ慧可は臂を切断したのか？　それは、彼が古い自分と訣別したことを達磨に示したかったからだと思います。

古い自分――とは何でしょうか？　それは、世間の通念・常識に縛られている自分です。金持ちは幸福で、貧乏人は不幸だ。学校に行く子はいい子で、不登校になった子は悪い子だ。それが世間の常識です。わたしたちはその世間の常識に縛られて、金持ちになりたい、わが子の不登校をやめさせたいと考えます。それが古い自分です。そんな古い自分を捨てて、貧乏であれば貧乏のまま毎日を楽しく過ごす算段をすればいい。慧可はそこに気づき、

「見てください！　わたしは古い自分を捨てました」

と示したのです。

それを見て、達磨は慧可を弟子にしました。

で、慧可は達磨のもとで懸命に修行します。数か月、ひょっとしたら数年も修行したでしょ

うか。ところが、やはり不安は残ります。そこで慧可は師の達磨に訴えたのです。

「わたしは不安でなりません。師よ、どうかわたしを安心させてください」

「そうか、それならここにその〈不安〉を持っておいで、そうすればその〈不安〉を〈安心〉に変えてあげるよ」

そのあと数日して、慧可が達磨に言います。

「師よ、いくらさがしても〈不安〉は見つかりません」

「じゃあ〈不安〉がないのだから、おまえは〈安心〉できたであろう」

こういう時間系列で、この話は進行しているのだとわたしは考えます。


なお、研究者のうちには、慧可が自分で自分の腕を切断するはずがない。そんなことをすれば、禅宗の作務《さむ》（農作業や清掃などの作業）ができなくなるのだから。だから慧可は、山賊の被害にでも遭ったのであろう。そう言っている人がいます。たしかにそれにも一理あります。でも、それは後世の禅僧たちの生活を見ての意見でしょう。達磨と慧可の時代には、まだ作務なんてなかったと思います。

＊

頓智の一休さんに、こんな話があります。

歴史的人物としての〝禅僧〟一休についてはのちほど紹介するつもりですが、彼の死後、江戸時代になって多くの「一休咄《ばなし》」がつくられました。以下はその「一休咄」の一つです。

前《さきの》将軍、太政大臣の足利義満が一休を鹿苑寺《ろくおんじ》（金閣寺）に招きます。そして一休の頓智を試さんとして、難題を出しました。

「一休よ、あの屛風に描かれている虎が、夜になると抜け出して暴れ回るんだ。それでみんなは困っているのだが、どうだ、おまえさん、あの虎を縛ってくれないか」

だが、一休は平然として、

「かしこまりました。どうか丈夫な縄を貸してください」

と、屛風の前に立ちます。そして縄を手にして言いました。

「さあ、用意は出来ました。どなたか、虎を追い出してください」

「おいおい、無理を言っちゃいかん。絵に描いた虎が出てくるわけがないじゃないか」

と義満。

「それなら、一休にも縛れません」

まさに「勝負あった！」というところですね。

そうなんです。不安は、不安が出て来たときに対処すればいいのです。無理に「不安」をさがし出して、それを無くそうとしても無くなりませんよ。達磨と一休さんは、きっと「おい、仲間よ！」と抱き合うでしょうね。

4 六祖慧能《ろくそえのう》（六三八—七一三）

われわれがこれから取り上げる慧能は、「六祖慧能」と呼ばれ、中国の禅宗の中興の祖とされています。初祖の達磨がインド的色彩の濃い禅僧であったのに対して、慧能はまさしく中国人らしい禅僧です。

だが、実のところ慧能の生涯はよく分かりません。彼の生涯の事績は、ほとんど伝説化されて語られています。その点では初祖の達磨とよく似ています。ですから以下の話も、まあ半ば伝説と思って聞いてください。

慧能は新州（広東省）に生まれました。早くに父を亡くし、彼は薪を売って母を養っていました。しかし、これも本当かどうか分かりません。のちに触れますが、彼には神秀《じんしゅう》というライバルがいました。その神秀との対比において、ことさらに慧能の貧しさと無学問ぶりが強調されるはめになったのでしょう。

ある日、慧能は蘄《き》州（湖北省）の黄梅山から来た人が『金剛般若経』を誦《じゅ》するのを聞いて、突然、開悟しました。そしてその人から黄梅山にいる五祖の弘忍《ぐにん》（〝こうにん〟ともいう。六〇一―六七四）の名を教わり、すぐさま弘忍を訪ねて行きます。
この弘忍との初対面のとき、こんな対話があったと伝えられています。
弘忍「おまえはどこからやって来た？」
慧能「わたしは嶺南《れいなん》（嶺南＝広東省など現在の中国の南部）の出身です」
弘忍「ここに来て、何を求めているのか？」
慧能「悟りを開いて仏になろうと思っています」
弘忍「だが、嶺南人は無仏性《むぶっしょう》である。だから、仏になんかなれんぞ」
慧能「そりゃあ、人間には南北がありますが、仏性に南北があるわけがないじゃありませんか」
それを聞いて、弘忍は慧能の入門を許したといいます。
ここで〝仏性〟というのは、簡単に「仏になる可能性」だと思ってください。そうすると、弘忍が「嶺南人には仏になれる可能性は無いよ」と言ったのに対して、慧能は、「そりゃあ、人間には白人／黒人の差別はあるでしょうが、人間の権利に関しては白い／黒いの差別はありませんよね」と応じたことになります。その当為即妙の応答には、誰だって感心しますよね。

さて、弘忍のもとに入門を許されたといっても、慧能は毎日毎日、ひたすらに碓《うす》を踏んでいるばかりであったといいます。禅宗の寺院には、行者《あんじゃ》、人工《にんく》と呼ばれる人々がいます。行者は雑用係で、人工は肉体労働に従事する者です。正式の修行僧からは一段下に見られている人々です。ひょっとすれば慧能は、その行者・人工であったのかもしれません。

その後。弘忍は、弟子たちのうちから自己の後継者を選ぼうとしました。そこで弘忍は、各自の悟りの境地を偈《げ》（詩文）にして提出するように命じました。

弟子たちのナンバー・ワンと目されていた神秀が、次のような偈をつくって廊下の壁に書きます。

身《み》は是《こ》れ菩提樹《ぼだいじゅ》
心は明鏡《めいきょう》の台《うてな》の如し
時時《じじ》に勤めて払拭《ふっしき》し
塵埃《じんあい》を惹《ひ》かしむること勿《なか》れ

わたしたちの心は煩悩によってすぐに曇ってしまう。だから、心の鏡を曇らさぬようにたえず煩悩を払拭せねばならぬ。そんな意味です。

大勢の弟子たちは、この偈を褒めそやします。ところが、文字の読めない（ことになっている）慧能は、神秀の偈を人に読んでもらい、そしてその横に自分の偈をこれまた人に頼んで書いてもらいました。

菩提もと樹なし
明鏡もまた台に非ず
本来無《ほんらいむ》一物《いちもつ》
何《いず》れの処にか塵埃を惹かん

菩提樹なんてあるものか?!　明鏡なんて物も無い。人間、本来、無一物だ!　どこに塵埃《ちり》が積もるというのか?!　こちらのほうはそういう意味です。

あとでもう一度言いますが、ともかく慧能の偈のほうがいいですね。煩悩も悟りも無いのです。そこのところを師の弘忍は買って、慧能を後継者に定めました。

だが、慧能は行者か人工です。したがって慧能を後継者と認めることは、大学教授の後釜に大学の用務員を任命するようなものです。慧能はきっと僧たちから迫害されるでしょう。それで弘忍は慧能に自分の衣鉢《いはつ》を渡した——それが後継者と認めた証明になります——上で、こっそりと逃がしてやりました。

そうと知った弘忍の弟子たち数人が、衣鉢を取り戻すため慧能を追いかけます。そのなかに一人、もとは武士であった慧明《えみょう》という者が慧能に追いつき、衣鉢を渡せと申し入れました。

しかし慧能は、この衣鉢は力でもって争うものではないとして、そこにあった石の上に衣鉢を置きました。そして、取れるものなら取りなさい——と、慧明に言うのです。

慧明は石の上から衣鉢を取り上げようとしますが、どうしても取れません。

そのとき、慧明は自己の非を悟り、

「わたしが求めに来たものは、こんな衣鉢ではなく法（真理）です。どうか大法を説いてください」

と願い出ました。

そこで慧能が慧明に説いて聞かせた言葉が、

善をも思わず、悪をも思わない。まさにそのとき、明上座よ、あなたの本来の面目はいかなるものか？

不思善不思悪、正与麼《しょうよも》の時、那箇《なこ》か是れ明上座が本来の面目。（『六祖壇経』）

でした。この慧能の言葉を聞いて、慧明は忽然《こつねん》として大悟したと伝えられています。

そうなんです、わたしたちはいつも善か／悪かの対立概念でもって物事を考えています。そうすると、どうしても「較《くら》べる」ということになってしまうのです。

たとえば友人と喧嘩をしたようなとき、〈俺も悪かった〉と思うと同時に、〈でもあいつだって悪い。あいつがあんなことを言わなかったら、俺もあんなに腹を立てなかったのに……〉と、友人を悪者にしてしまいます。他人の善が誉められるのを聞いて、〈俺のほうがもっと善いことをしているのに……〉と考えてしまいます。だから慧能は、

――善いも悪いも考えるな！（不思善不思悪）――

と言ったのです。

仏教では〝有漏《うろ》／無漏《むろ》〟と言います。〝漏〟とは「汚れ」「煩悩」だと思えばいいでしょう。煩悩のあるのが有漏で、煩悩の無くなったのが無漏です。この有漏／無漏に善／悪を重ね合わせると、

有漏の善……善（いいこと）をやって他人に誉められようとしてする善行。

有漏の悪……たとえば〈俺は死刑になりたい〉と思ってするような殺人（悪行）。

無漏の善……何も考えず、自然にやっている善行。

無漏の悪……思わず知らずに、何も考えずにやってしまった悪行。ぶーんと飛んで来て頬に止まった蚊を、思わず叩いて殺してしまったようなもの。殺生をしたことになりますが、これが無漏の殺生です。


この四つになります。このうち、いちばんいいのが無漏の善で、二番目が有漏の善です。三番が無漏の悪で、最悪なのが有漏の悪です。このような常識に対して、慧能は、有漏の善／有漏の悪をするな！　と言っているのです。それ故、ひょっとすれば慧能は、

無漏の善――無漏の悪――有漏の善――有漏の悪

とランク付けをするかもしれませんね。

＊

それはともかく、弘忍のもとを去った慧能は広州（広東省）に行きます。そして法性寺で出家・受戒しました。正式の僧となったのです。ここらあたりから、少しは慧能の事績も明らかになります。

その法性寺には印宗《いんしゅう》法師という禅の学僧がいて、『涅槃《ねはん》経』を講じていました。慧能が法性

寺と縁を結んだのは、彼がその『涅槃経』の聴講に行ったからでしょう。

門前には幡《はた》が立てられていました。幡は、きょうは講義がありますよ――と知らせるために立てられるものです。その幡を見て人々が聴聞に来るのです。

ところが、慧能が最初に法性寺にやって来たとき、二人の僧が幡の前で議論をしていました。一人は、

「あれは幡が動いているのだ」

と主張し、もう一人は、

「いや、幡ではなく風が動いているのだ」

と言います。甲論乙駁、二人の議論はとどまるところを知りません。

そこにやって来た慧能が言います。

「動いているのは、幡でもないし風でもない。おまえさんたちの心が動いているのだ」

と。

議論をしていた二人の僧は、慧能のその言葉を聞いて、たちまち悟りを開きました。そして、のちにこの話を耳にした印宗法師は、自分の講じている『涅槃経』の玄理がまさに慧能の言葉に要約されていることを知り、改めて慧能の弟子になったと伝えられています。

動いているのは、たしかにわたしの心です。

子どもがいたずらをしたとき、親が怒っているように見えます。親は普段の親のままです。つまり怒っていないのです。子どものほうが勝手に、親が怒っていると見てしまうのです。

「蟹は甲羅《こうら》に似せて穴を掘る」といいます。小さい甲羅の蟹は小さな穴しか掘れません。大きい蟹は大きな穴を掘ります。わたしたちは自分の器量（甲羅）を高めるよりほかなさそうです。

慧能の言いたいことはそれだったと思われます。

＊

その後、慧能は韶州《しょうしゅう》（広東省）の曹渓山《そうけいざん》宝林寺に住します。そしてその説法は『六祖壇経《ろくそだんきょう》』として編纂され、広く愛読されています。

また、彼に神会《じんね》（六七〇―七六二。一説では六八四―七五八）という弟子がいて、その活躍によって、慧能は、五祖の弘忍の後継者だから「六祖」と呼ばれるようになりました。しかし、慧能を六祖と認めない人々もいます。ご想像の通り、神秀を担ぐ人たちです。その結果、

神秀を担ぐ人たちの禅を……北宗禅、

慧能を担ぐ人たちの禅を……南宗禅、

と呼び、分裂することになりました。北宗禅は北の長安や洛陽に広まったのに対し、南宗禅は嶺南の地に弘まりました。

五九ページで、わたしは神秀の偈よりも慧能のそれのほうがすばらしいと軍配をあげました。しかし、ある意味では神秀の偈のほうに軍配をあげるべきかもしれません。というのは、書道の関係者に教わったのですが、最初の最初からすばらしい字が書けるわけがないのです。幾度も幾度も練習しているうちに、いい字が書けるようになるのです。

それと同じで、慧能の「本来無一物」はすばらしいのですが、いきなりそこに到達できるわけではありません。その前に、神秀の言う、「時時に勤めての払拭」がなければなりません。その「払拭」の上に「無一物」が出現するのです。そのことを忘れてはならないと思います。だからわたしが一方的に北宗禅を不可とし、南宗禅を持ち上げていると思わないでください。

もっとも、慧能の南宗からは、唐の時代になって個性豊かな禅者、禅の傑物が大勢輩出しました。だから慧能は禅宗中興の祖とされるのです。そのような評価もわれわれは忘れてはならないでしょう。

5　馬祖道一《ばそどういつ》（七〇九—七八八）

さて、いま紹介した六祖慧能の弟子に南岳懐譲《なんがくえじょう》がいて、その南岳の弟子に馬祖道一がいます。つまり、六祖慧能——南岳懐譲——馬祖道一と続くわけです。

『ブリタニカ国際大百科事典』によって南岳懐譲と馬祖道一を紹介しておきましょう。

《南岳懐譲……中国、唐の禅僧。出家して六祖慧能の門に入る。開元二（七一四）年南岳の般若寺観音堂に入って住すること三十余年、独自の禅風を興した。後世この法系を南岳下と称した。諡号は大慧禅師》

《馬祖道一……中国、唐の禅僧。四川省出身。石門道一とも呼ばれ、姓が馬であったので、馬祖と称せられた。のち南岳懐譲の法を継いで、その門下の俊才であった。主として江西省で仏教を広め、弟子は俗に八〇〇人以上とも称せられるが、多数の弟子を育てたことは確実で、なかでも百丈懐海は有名》

南岳も馬祖も、ともに偉い偉い禅僧であったようです。とくに馬祖について、『岩波仏教辞

典』は、

《現在の日本に伝わる中国禅の実質的な創始者》

と評価しています。

その馬祖道一と南岳懐譲について、こんな話があります。

ある日、馬祖が坐禅をしているところに師の南岳がやって来ます。

南岳が問います。「おまえは何をしている？」

「坐禅をしています」

「何のために……？」

「仏になるためです」

すると懐譲は、そこに落ちていた磚《せん》を拾って、石の上で磨き始めました。磚というのは、敷瓦《しきがわら》です。だからどこにでも落ちています。

その奇妙な行動を見て、今度は弟子が問う番です。

「何をしておられるのですか？」

「磚を磨いておる」

「磨いてどうするのですか？」

「磨いて鏡にしようと思ってな……」

「でも、いくら磚を磨いても、鏡になりませんよ」

「おやっ?! おまえにそれが分かっていて、どうしておまえさんは坐禅をして仏になろうとするのか?! 坐禅をしたって、仏にはなれんよ」

「……」

いくら偉い禅僧になる馬祖でも、そのときはまだ修行中です。だから馬祖には、師の南岳の言っていることが分からなかったのです。しばらく考えたあと、馬祖が問います。

「では、どうすればよいのですか?」

「人が牛車に乗っていて、牛車が動かなくなれば、おまえさんはどうするかね? 車を打つか、牛を打つか、どちらにするのだ?」

さあ、それで、馬祖に南岳の教えが分かったでしょうか……?


これはなかなかむずかしい問題ですね。

もっとも、最初の磚は磨いても鏡にならない——というのは、まあ分かります。鏡だからこそ、磨けば鏡になるのです。ということは、凡夫（磚）はいくら坐禅をしても——磨いても——仏にはなれません。仏だからこそ坐禅をして仏になれるのです。そう考えると、馬祖が自分を凡夫だと認識して坐禅をしているのを、南岳は叱ったのです。

「おまえははじめから仏なんだぞ。仏になろうと思って坐禅をするな！　仏が坐禅をしておられる、といった気持で坐禅せよ！」

南岳はそう教えたのです。では、どうすればよいのでしょうか？「車を打つか、牛を打つか？」といった問いかけは、もちろん牛を打つべきです。そこまでは分かるのですが、では車とは何か、牛とは何か、が分かりません。

だが、いま、ふと気がつきました。

わたしの小学生のとき、宿題がありました。教科書に出てくる漢字を、できるだけ数多くノートに書いてきなさい、というものでした。

それでわたしは、クラスで一番、漢字を書いたのですが、なにせ乱雑で、字が汚かった。先生は褒めてくれません。それどころか、

「そこへ行くと山口くんの字はきれいで美しい」

と、わたしのライバルを褒めるのです。わたしは、それなら最初から「きれいな字を書いてくるように」と言えばいいと思いましたね。

つまり先生は、こころのこもった字を数多く書いてくるようにと命じたのです。

ということは、牛は「こころのこもった」ことであり、車は「ただ数さえ多ければいい」と

いったものです。南岳はそう教えているのです。

「おまえは仏なんだろう。ということは仏が坐禅をしておいでになるのだ。それを忘れて、おまえはただかたちだけの坐禅をやっていればいい、と考えておる。それは真の坐禅の精神じゃない！」

と、南岳は親切に馬祖に教えたのです。

＊

禅籍『無門関』には、

「仏とは何ですか？」と尋ねられて、

馬祖が、

「即心即仏」（第三十則）

「非心非仏」（第三十三則）

と、正反対な答えをしていることが述べられています。

「即心即仏」は……「心が仏である」ということで肯定形、

「非心非仏」は……「心は仏ではないぞ」ということで否定形、です。もちろん、別々の弟子が別々の機会に馬祖に尋ねた結果なんですが、では、どちらが馬祖の真意なのでしょうか？

昔、小学生の娘から抗議されたことがありました。「お父さんの言っていること、ときどき矛盾している！」と。

「どこが、どう矛盾しているの？」

「だって、このあいだ、お父さんはわたしに、〝学校の勉強なんてしなくていい〟と言ったでしょう……」

「ああ、言ったよ」

「でも、今夜は、〝もっとしっかり勉強しろ！〟と言った」

「ああ、そう言ったよ」

「矛盾しているよ」

「いいや、矛盾じゃない」

「じゃあ、勉強しなくていいの……？」

「ああ、勉強しなくたっていい」

「でも、今夜は〝勉強しろ！〟と言ったでしょう。やはり矛盾しているよ」

「いいや、矛盾じゃない。おまえのほうからすれば矛盾のように聞こえるかもしれないが、言っているお父さんのほうからすれば矛盾じゃないんだよ」

でもね、小学生にはこのことは分からないでしょう。いや、大のおとなだって分かりません。しかし、そこのところを理解できないと、馬祖の、

「即心即仏」――「非心非仏」

も理解できないでしょう。

＊

それで、どうせ分かってもらえないのだからということで、以下に馬祖を離れて二、三の禅問答を紹介しておきます。あまり論理的に考えずに、ぼうっと雰囲気的に味わってみてください。


ある僧が雲門に尋ねました。「仏というのは何ですか？」

雲門が答えます。「あんな、トイレット・ペーパーや」


雲門、因《ちな》みに僧問う、「如何なるか是れ仏」。門云く、「乾屎橛《かんしけつ》」。（『無門関』第二十一則）

雲門文偃《うんもんぶんえん》（八六四？—九四九）は唐末の禅僧です。「仏は乾屎橛」だと答えていますが、この〝乾屎橛〟は「乾いた糞かき橛《べら》」だそうです。昔の中国人は、糞をしたあと、この糞かき橛でお尻を拭ったようです。したがってトイレット・ペーパーになります。

この雲門の弟子に洞山守初《とうざんしゅしょ》（九一〇—九九〇）がいます。

僧がやって来て洞山に問いました。「仏とはいったい何ですか？」

洞山が答えます。「ここにある麻の目方は三斤だよ」

僧、洞山に問う、如何なるか是れ仏。山云く、麻三斤《まさんぎん》。（『碧巌録《へきがんろく》』第十二則）

洞山のいた襄州《じょうしゅう》（江西省）は織物にする麻の産地でした。それで彼は「仏とは何か？」と問われて、たまたま目についた麻を取り上げたのでしょう。

道元（一二〇〇—五三）の語録である『正法眼蔵随聞記』に、こんな話があります。原文は省略して、話の内容だけを伝えます。

ある禅師の門弟にまじめな僧がいました。毎日、金の仏像と仏舎利（釈迦仏の遺骨）に礼拝しています。

あるとき禅師がこの門弟に注意します。「おまえさんが尊崇している仏像や仏舎利は、のちにはきっとおまえさんの足を引っ張るようになるよ」と。

その門弟は聞き入れません。

禅師が言います。「それは悪魔のつくったものだ。早くそれを捨てなさい」と。

門弟は憤然として退出します。そのうしろから禅師が言います。「おまえさん、その箱を開けてごらん」と。

怒りながら門弟が開いてみると、そこには毒蛇がとぐろを巻いていました。

わたしたちは仏を崇高なる存在と信じていますが、なに、仏は、トイレット・ペーパーであり、麻三斤であり、そして毒蛇なんです。同時に仏は仏なんです。そこのところが分からないと、禅が分かったことにはなりません。

＊

もう一つ、この馬祖とその弟子の百丈懐海《ひゃくじょうえかい》（七四九―八一四）との問答を紹介しておきます。

この百丈もなかなかの大物ですが、この話は彼が馬祖のもとにあって修行中のものです。『碧《へき》巌録《がんろく》』（第五十三則）にあります。


馬祖と百丈が歩いているときに、野鴨《のがも》が飛んでいるのが見えました。

「あれは何か？」と師の馬祖が問います。

「野鴨です」と、百丈が答えました。

「どこへ行ったか？」

「もう飛んで行ってしまいました」

そこで馬祖は、弟子の鼻をぎゅっとひねりました。

「あいたたた……」と弟子。

「これでも飛んで行ったと言うのか?!」


馬大師《ばだいし》、百丈と行くついでに、野鴨子《やおうす》の飛び過ぐるを見る。大師云《いわ》く、「これなんぞ」。丈云く、「野鴨子」。大師云く、「いずれの処《ところ》にか去る」。丈云く、「飛び過ぎ去る」。大師ついに百丈の鼻頭をひねる。丈、忍痛の声をなす。大師云く、「何ぞ曾《かつ》て飛び去らん」

なんだかおかしな話です。まあ、禅問答というものは、たいていはこんなものですね。「あれは何か？」と師が問うているのは、そこにいる鳥の話ではありません。禅僧というのは、いつでも「自分」と「自己」のことを考えています。いや、考えているべきです。それなのに弟子はのんきに、「野鴨です」と答えています。ぼんやり外界の事物にとらわれているのです。

そこで師の馬祖は、野鴨はどうだっていい。それを見ているおまえはどこにいるのだ？と訊《き》きました。それが、「どこへ行ったか？」の質問です。まことに親切な質問です。

だが、それでも弟子は気がつきません。「もう飛んで行ってしまいました」と、野鴨のことばかり考えています。

だから馬祖は百丈の鼻をひねったのです。「何を寝ぼけたことを言っとる?! ほれ、おまえはここにいるではないか?!」と老婆親切に教えてやったのです。そういうふうに読むと、この禅問答が分かると思います。

＊

いま出てきた百丈懐海について、『碧巌録』（第二十六則）が言及しているので、ここで紹介しておきます。百丈懐海は、禅僧の日常生活の規範である清規《しんぎ》を制定し、また、弟子たちが老齢の故に師の百丈の作務《さむ》（禅院における肉体労働）をやめさせようと道具を隠したとき、百丈は、一日作《な》さざれば、一日食《く》らわず。

と言って、その日絶食したと伝えられています。一日、作務をサボったのであれば、その日は食事をしない、というのです。まじめ人間の面目躍如たるものですね。

さて、『碧巌録』です。

一僧が百丈禅師に尋ねました。

「いったい奇特なこととは何ですか？」

それに対して百丈が言ったのは、

「独り大雄峰に坐す」（「独坐大雄峰」）

でした。それを聞いて、僧が百丈に礼拝しました。すると百丈はその僧を打ち据えたのです。

僧、百丈に問う。如何なるかこれ奇特の事《じ》。丈云く、独坐大雄峰。僧礼拝す。丈、便《すなわ》ち打つ。

大雄峰とは、江西省南昌府にある山の峰です。百丈懐海がここに住んでいたので、のちにこの山は百丈山の名がつけられました。

〝奇特〟とは「すばらしい」といった意味。何がすばらしいことですかと僧が訊ねたのに対して、

「ほれ、わしはここにどっかと坐っておる。それがすばらしいことじゃ」

と答えたのです。たいていの人は、世間のことを気にしながら生きています。お隣さんがピアノを買ったから、うちも買わねばならない。クラスの生徒の多数が塾に通っているから、うちの子も塾に行かせないと……。世間、世間、世間……というのが、世間のあり方です。しかし百丈は、そんな世間を超越して、大雄峰に住してどっかと坐っている。それこそがすばらしいことなんです。

そう教わって、弟子は感激します。そして師を拝みました。

すると師は、その弟子を打ち据えました。なぜでしょうか、お分かりになりますか？

わたしはこう思うんです。せっかく百丈が世間を超越して、どっかと坐っているのに、そこに弟子がやって来て百丈に礼拝する。それじゃあ「独坐」になりません。礼拝されるのは迷惑です。まあ、文化勲章を辞退した人の気持ちでしょうか。しかし、わたしのこの解釈が当たっているかどうか、知りませんよ。

6　大珠慧海《だいじゅえかい》（生没年不詳）

昔、鈴木大拙（一八七〇―一九六六）の本で教わった言葉に、

――腹がへったら飯《めし》を食い、眠くなったら眠る。それが禅だ――

というのがありました。そのとき、禅はなんて馬鹿げたことを言っているんだ、と思いましたね。高校生のときに、二時間目の授業中にこっそりと飯を食い、授業中に平気で机にうつぶせになって眠ったことがあります。そんなことを会社ですれば、そのサラリーマンは即日、馘《く》首《び》になるでしょう。できっこないにきまっています。

だが、のちになってまちがいに気がつきました。

これは鈴木大拙の言葉ではなく、大珠慧海のそれです。大珠慧海の『頓悟要門』にこうあります。

源律師という人がやって来て、慧海に問いました。

「和尚は、道の修行にあたって、何か特別のことをしておられますか？」

慧海が答えました。

「そりゃあ、やっているさ」

「どういうことをしておられますか？」

「腹がへれば飯を食い、疲れたら眠る」

「そんなことは、誰だってしていることではありませんか?! 師がやっておられることは、それと同じですか？」

「いいや、違う」

「どうして違うのですか？」

「人々は、飯を食うときに、ほとんど飯を食っていない。あれこれ考えごとをしている。眠るときも本当に眠らず、いろいろと考えてばかりいる。だから同じでないというのだ」

律師は黙ってしまった。


源律師《げんりっし》という有り、来つて問う、「和尚、道を修するに還つて功を用うるや」。師曰《いわ》く、「功を用う」。曰く、「如何《いかん》が功を用うるや」。師曰く、「飢え来れば飯を喫し、困《つか》れ来れば即ち眠る」。曰く、「一切の人も総《す》べて是《かく》の如し、師の功を用うるに同じきや」。師曰く、「同じからず」。曰く、「何が故に同じからざる」。師曰く、「他《ひと》は飯を喫する時肯《あ》えて飯を喫せず、百種須索《しゅさく》し、睡る時敢えて睡らず、千般計校《けきょう》す、所以《ゆえ》に同じからず」。律師口を杜《と》ず。

これを読むと、大珠慧海の考え方がよく分かります。

わたしたちは、いまなすべきことをしっかりとしていないようです。高校生は、国語の時間に英語の予習をしたり、そして英語の時間になれば数学の予習をしています。遊園地において人々は、「この次、あれに乗ろう」と話し合っています。いま乗っているゴーカートはそっちのけです。

そうかと思えば、われわれは過去のことをくよくよと考えています。いくら考えたところで、過去を変えることはできません。

だからわたしたちは、いま、現在を大事に生きるべきだ。大珠慧海はそう教えてくれています。

でも、会社員が就業時間中に眠くなったからといって、居眠りなんてできない――。そう言わないでください。夜、ぐっすり寝ておけば、就業時間中に眠くなるわけがないでしょう。家で朝食をちゃんと食べていれば、昼飯前に腹がへるわけがありません。わたしたちが、いまなすべきことをしっかりとやっていれば、腹がへったとき飯を食い、眠くなったら眠ることができるのです。そして、それが禅なんです。大珠慧海の言っていることは、まちがっていません。

またしても……と非難されそうですが、ここで、わたしが自著にしばしば引用している釈尊の言葉を紹介します。

過去を追うな。
未来を願うな。
過去はすでに捨てられた。
未来はまだやって来ない。
だから現在のことがらを、
現在においてよく観察し、
揺ぐことなく動ずることなく、
よく見きわめて実践すべし。
ただ今日なすべきことを熱心になせ。
誰か明日の死のあることを知らん。(『中部経典』一三一)

これは、大珠慧海の言っていることに通じますね。

そして、ローマの詩人のホラティウス(前六五―前八)は、

《カルペ・ディエム(今日を楽しめ)》

と言っています。ラテン語の〝カルペ〟は動詞〝カルポ〟の命令形ですが、この動詞は〈(花や果実を)摘み取る〉の意味です。花にも果実にも摘むに最適の時があります。そして日(ディエース)にも捕まえるに最適の時があるのです。その時を逃がすな! ホラティウスはそう言っています。

釈尊や大珠慧海に通じるものがありますね。

要するに、若い人には若い人向きの禅があり、年寄りには年寄り向けの禅があるのです。人はそれぞれに向いた禅を生きればよい。ちょっと大珠慧海から食《は》み出たかもしれませんが、わたしはいま、そう思っています。

7
龐居士《ほうこじ》（生没年不詳）

龐居士というのは居士（在家の禅の修行者）であって、禅僧ではありません。しかし、われわれがちょっと無視できない人物であるので、禅僧列伝の一人に加えておきます。われわれは龐居士を通じて、「捨てる」ことのむずかしさを考えてみたいのです。

けれどもその前に、『新約聖書』「マルコによる福音書」（十章）から引用しておきます。イエスが、「財産を処分して貧しき者に施せ」と、ある人に命じているからです。

《イエスが旅に出ようとされると、ある人が走り寄って、ひざまずいて尋ねた。「善い先生、永遠の命を受け継ぐには、何をすればよいでしょうか」。イエスは言われた。「なぜ、わたしを『善い』と言うのか。神おひとりのほかに、善い者はだれもいない。『殺すな、姦淫するな、盗むな、偽証するな、奪い取るな、父母を敬え』という掟をあなたは知っているはずだ」。すると彼は、「先生、そういうことはみな、子供の時から守ってきました」と言った。イエスは彼を見つめ、慈しんで言われた。「あなたに欠けているものが一つある。行って持っている物を売り払い、貧しい人々に施しなさい。そうすれば、天に富を積むことになる。それから、わたしに従いなさい」。その人はこの言葉に気を落とし、悲しみながら立ち去った。たくさんの財産を持っていたからである》

わたしは、この最後にある《たくさんの財産をもっていたからである》に、〈なるほど、そうだな……〉と同感します。人間は、なまじちょっとした財産を持てば捨てられなくなるのです。「江戸っ子の出来損ないが金を溜め」と言われていますが、江戸っ子が貧しかったからこそ、清貧に生きることができたのだと思います。

さて、龐居士です。彼は唐代の人で、「中国の維摩《ゆいま》」と称せられる人物です。そして、馬祖道一に禅を学んだと伝えられています。

彼について、わが国の道元が次のように言っています。

ある日、僧が来て仏道修行の心構えを問うた。その機会に道元禅師が説いて言われた。「仏道を学ぶ人は、まず貧しくなければならぬ。財物が多いと、きっと志が失われる。在家の人間で仏道修行をせんと思う者の場合は、なおも財宝に関わり、住所に執着し、親族との交際を続けていれば、その志はあったにしても、修行の障りとなる因縁が多い。昔から、俗人でありながら仏道修行をする人は多いが、そのなかでは立派と言われる人であっても、それでも出家者にはかなわない。出家した人間は三衣《さんね》と一鉢《いっぱつ》のほかは財宝を所持せず、住む処に関心を持たず、衣や食を貪らずに、ただひたすらに修行をするので、利益をうけることができるのである。なぜかといえば、貧であるからこそ修行に親しめるのだ。

龐居士という人はたしかに俗人ではあったが、それでも僧と同様に禅の分野にその名を残しているのは、この人は参禅の最初に自分の家にあった財宝を持ち出して海に捨てようとしたからである。それを見た人が忠告して言った。その財宝を人助けに使ったり、仏教のために使ったほうがよい、と。そのとき、居士はそう忠告する人に向かって反論した。自分は自分にとって害となると考えてこれを捨てるのだ。害を知りつつ、どうして他人に与えるのか?!　財宝は身心を悩ませる害物にほかならぬ――と言いきって、彼はそれを海に捨てた。そしてあとは、生活のために笊《ざる》を作って、それを売って暮らした。

俗人であったが、このように財宝を捨ててはじめて善人と言われるのだ。ましてや出家者たるべき者は、きれいさっぱり財宝を捨てるべきである」。（『正法眼蔵随聞記』）

一日僧来《きたり》て学道の用心《ようじん》を問ふ。次《つい》でに示して云く、学道の人は先須《まず》く貧《ひん》なるべし。財おほければ必ず其の志《こころざし》を失ふ。在家学道のもの猶《な》を財宝にまとはり居処《きょしょ》をむさぼり眷属《けんぞく》に交はれば、設《たと》ひ其の志ありと云へども障道の因縁多し。古来俗人の参学する多けれども、其の中によしと云ふも猶《な》を僧には及ばず。僧は三衣《さんね》一鉢《いっぱつ》の外は財宝をもたず、居処を思はず、衣食を貪らざる間だ、一向《いっこう》に学道すれば、分分《ぶんぶん》に皆得益《とくやく》あるなり。其のゆへは貧なるが道《どう》に親《したし》きなり。龐公《ほうこう》は俗人なれども僧におとらず、禅席に名をとゞめたるは、かの人参禅のはじめ家の財宝を持ち出して海に沈めんとす。人是れを諌《いさ》めて云く、人にも与え仏事にも用ひらるべしと。時に他に対して云く、我巳《われ》に寃《あだ》なりと思ひて是れを捨つ。寃としりて何ぞ人に与ふべき。宝《たか》らは身心を愁へしむるあだなりと云ひて、つゐに海に入れ了りぬ。然《しか》ふして後《の》ち、活命《かつみょう》の為には笊《いかき》をつくりて売《うり》て過《すぎ》けるなり。俗なれどもかくの如く財宝を捨てゝこそ、善人とも云《いわ》れけれ。いかに況や僧は一向にすつべきなり。

道元は龐居士をいたく褒めています。わたしたちが物を捨てようとするとき、すぐさま〈もったいない〉といった考えが頭を過《よぎ》ります。〈まだ使えるんじゃないか?!〉〈ほかに使い途《みち》があるのではないか……〉と思うと、なかなか捨てられなくなります。

それで、自分に不用となった物を、人にあげようとするのです。災害の被災地に送られて来る救援物資のうち、古着などが多いそうです。そんな物、誰も着ませんよね。

しかし、龐居士はそうではなかった。彼は財宝を海に捨てたのです。

「もったいないではないか。海に捨てるぐらいであれば、その財宝をどこかに寄附すればいいのに……」と言われる方がおいでになりますが、そんなことをすれば、その人はいっぱしの慈善家になり、なかなか仏道修行ができません。現代でいえば、デカデカと新聞記事になり、テレビで報道され、有名人になるでしょう。そう考えると、龐居士のやり方がいちばんいいと思われます。

でも、なかなか凡人にはできませんよね。

*

その龐居士の死に方について、『龐居士語録』は次のように記しています。

居士は死なんとするとき、娘の霊照に言いつけた。

「太陽の高さを見ていてくれ。そして、午《ひる》になったら教えてくれ」

すると霊照が急報した。

「もう太陽は南中しています。しかも日蝕ですよ」

居士が戸口から出て、空を眺めているあいだに、霊照が父の座に坐り、合掌したまま死んでしまった。居士は笑いながら言った。

「娘のやつ、なかなかすばしっこいな」

それで自分の死を七日延ばすことにした。州の施政官の于頔《うてき》が病気見舞いに来た。その人に居士がこう語った。「どうかあらゆる存在を空と観ぜられよ。無きもの一切をゆめゆめ有としてはなりませぬぞ。世間とはうまくやりなさい。すべては影や響のようなものじゃ」言い終ると、その施政官の膝《ひざ》を枕にして死んでいた。遺言により、火葬にして、灰は江上に捨てられた。

居士将に入滅せんとし、霊照に謂いて曰く、「日の早晩を視て、午《ひる》に及べば以って報ぜよ。」照遽かに報ずらく、「日已《すで》に中せり、而も蝕する有り。」士、戸を出でて観る次《とき》、照即ち父の座に登って、合掌して坐亡《ざぼう》す。士笑って曰く、「我が女鋒捷《すばし》こし。」是《ここ》に于《おい》て更に七日を延ばす。州牧于頔《うてき》、疾《やま》いを問う。士、之に謂いて曰く、「但だ願わくは諸々《もろもろ》の所有《しょう》を空ぜよ、慎んで諸々の所無を実とする勿れ。好《よ》く世間に任せよ、皆な影と響の如し。」言い訖《おわ》りて、公の膝を枕にして化《け》す。遺命により焚《や》いて江に棄つ。

まことに禅者にふさわしい死に方です。しかし、あとでも言う機会があると思いますが、死に方なんてどうだっていいのです。わたしはそう思っています。

8 鳥窠道林《ちょうかどうりん》（七四一―八二四）

唐代の禅僧に道林という人がいました。彼は杭州《こうしゅう》（浙江省）の秦望山《しんぼうざん》で修行していたのですが、その修行がちょっと風変わりで、山中の老木の上に巣をつくり、その巣の中で暮らしていたのです。そこで人々は、この道林のことを、

――鳥窠和尚――

と呼んでいました。〝鳥窠〟とは「鳥の巣」のことです。

そのうちに、この和尚を自分の親類と思ったのでしょう、鵲《かささぎ》がやって来て道林の巣の横にみずからの巣をつくり、一緒に暮らすようになったそうです。それで人々は、彼を「鵲巣《じゃくそう》和尚」と呼んだとも伝えられています。

さて、ここではこの鳥窠道林が主人公ですが、副主人公にもう一人、白楽天《はくらくてん》（七七二―八四六）が登場します。白楽天は本名を白居易《はくきょい》といい、もとは官僚であったのですが、高級官僚の権力闘争にいや気がさし、晩年は詩と酒と琴を三友とする生活を送りました。

白居易＝白楽天が刺史《しし》（州の長官）となって杭州にやって来ました。そして彼は鳥窠和尚に会いに行きます。新しく赴任した長官が管内を視察する、そのついでに名物男に会っておこう、といったところでしょうか。

白楽天は鳥窠道林を見つけるなり、

「禅師の住処、甚だ危険なり」

と声をかけました。たぶんこれは、なにも奇を好んで、そんな松の木の上になど住まなくてもいいではありませんか⁈ といった、一発パンチを喰らわす気があった上での言葉でしょう。白楽天とて少しは仏教を勉強しています。もっと平凡なことをやってのければいいのに……といった皮肉が、そこに漂っているように思われます。

そう言われて、道林が応じました。

「太守、あなたのほうがもっと危険ですぞ！」

〝太守〟というのは、長官に対して親しみをこめた呼称だと思ってください。わたしを「危険」だと言うおまえさんだって、もっと危険ではないか⁈ そういう意味です。

なるほどその通り。木の上にある禅の世界よりも、政治の世界のほうが危険が大きい。白楽天にしても、中央を離れて地方の杭州に来るはめとなったのも、政治的危険の結果ではありませせんか。左遷・失脚・馘首・詰腹・犠牲……。政治の世界にも、サラリーマンの世界にも、危険はいっぱいあります。むしろ老松の上の禅の世界のほうが安全かもしれません。

これで白楽天は一本取られたわけです。

そこで彼は、話題を変えます。

「いかなるか是《こ》れ仏法の大意？」

そう問いました。相手の土俵に飛び込んで、そこで相撲を取ろうというのです。いったい仏教は何を教えているのか？　そういった問いです。

それに対する道林の返答は、

「諸悪莫作《しょあくまくさ》、衆善奉行《しゅぜんぶぎょう》（悪いことをするな！　善いことをせよ！）」

というものでした。いたって平凡な返答です。そこで白楽天が、

「そんなことぐらいは、三歳の童子でも知っています」

と言い、道林が、

「だが、実行することは、八十の翁にだってむずかしいぞ」

と返すわけです。さてとこの問答、どちらの勝ちでしょうか？　わたしは道林に軍配を上げますね。

この「諸悪莫作、衆善奉行」は、「七仏通誡偈《つうかいげ》」と呼ばれている偈に出てくるものです。

諸悪莫作　諸々《もろもろ》の悪はこれをなさず
衆善奉行　衆《おお》くの善を実践し
自浄其意《じじょうごい》　自《みずか》らその意《こころ》を浄《きよ》くす
是諸仏教《ぜしょぶつきょう》　是《こ》れぞ諸仏の教えなり（『法句経』一八三）

七仏とは、釈迦仏を含めた過去の諸仏です。その七人の仏たちが、みんな、

「諸悪莫作、衆善奉行、自浄其意」

と説かれたのです。道林は、これこそが仏教の教えだと言っています。

でも、これはどうも本当に平凡きわまる教えですね。しかし、八十の翁だって実践することはむずかしいぞ——と言われてしまえばそれまでですが、やはりわれわれには、六祖慧能の、

——不思善不思悪——

のほう（六一ページ）が禅僧らしい言葉に思えてなりません。

9 南泉普願《なんせんふがん》（七四八―八三四）

『無門関』（第十四則）には、「南泉斬猫《なんせんざんみょう》」の公案があります。唐代の禅僧の南泉普願が猫を殺した――というのです。なぜ彼が猫を殺さざるを得なかったか。その経緯《いきさつ》が述べられています。

南泉和尚は、東西の禅堂に起居している門人たちが一匹の猫をめぐって争っているのを見て、すぐさまその猫をつかまえて言った。

「おまえたち、この猫のために何かを言ってみろ。そうしたら助けてやろう。言えなかったら、この猫を斬り捨ててしまうぞ」

しかし、誰も何も言わなかった。

南泉は、そこで猫を斬った。

南泉和尚、東西の両堂の猫児《みょうじ》を争うに因《ちな》んで、泉、乃《すなわ》ち提起して云く、「大衆、道《い》い得ば即ち救わん。道い得ずんば即ち斬却《ざんきゃく》せん」。衆、対《こた》うる無し。泉、遂に之《これ》を斬る。

じつはこのあとがあるのですが、ここで中断してコメントをはさみます。

南泉の門下には数多くの修行僧がおり、東西の禅堂に別れて住んでいました。その東西の禅堂の禅僧たちが、一匹の猫の帰属をめぐって争っていました。

「この猫は、俺たちの猫だ！」

「馬鹿言え！　俺たちがこの猫に餌をやっているのだ！」

そこに南泉が通りかかります。禅僧たるもの、いつだって、何だって、弟子の訓練の教材にします。南泉はその猫を首のところでつかまえて高々と示します。そして言いました。

「誰でもよい、この猫のために何かを言ってやれ！　そうすりゃ、この猫を助けてやる。誰も何も言わなかったら、斬ってしまうぞ！」

だが、誰も何も言いません。

それで南泉は、その猫を殺してしまったのです。

これが公案です。

まず、なぜ皆は沈黙していたのでしょうか？

一つには、どう言っていいか分からなかったからです。

そしてもう一つは、きっと誰かが何かを言うだろう……と思っていたからです。わたしが思うには——といっても、これは下種《げす》のあと知恵であって、わたしがその場にいれば、きっと何も言わなかったでしょう。しかし、その下種のあと知恵では、何かを言えと命じられれば、そして気のきいたことが思い浮かばなければ、まあともかくも、

「にゃあご、にゃあご」

とでも言えばよいのです。「猫、猫」でもいいし、「わん、わん」でもよい。何だっていいのです。

ですが、そんなことを言えば、お目玉を食うかもしれません。笑われるかもしれません。それを懼《おそ》れて人々は黙っているのです。そして猫は殺されるのです。だとすると、猫を殺したのはわたしです。南泉じゃない！　東西両堂の大勢の僧たちが寄ってたかって猫を殺したのです。

これが大衆の無責任です。

〈わたしは何も言えない。でも、誰かが何かを言ってくれるだろう……〉

と、みんながみんな、そう考えています。

もしも、わたし一人しかいないのであれば、そして本気になって猫を助けてやりたいのであれば、

「やめてください。猫を殺さないでください。助けてやってください」と懇願するはずです。それだって「何か」を言ったことになります。そして猫は助かるのです。

「南泉斬猫」の公案には続きがあります。

夜になって、弟子の趙州《じょうしゅう》が外より帰り来た。南泉は昼間の出来事を趙州に語った。すると趙州は、草履を脱いで頭の上に載せて、部屋を出て行った。

南泉は言った。

「おまえさんがあの場にいてくれたら、猫を助けることができたのに……」

晩に趙州、外より帰る。泉、州に挙似《こじ》す。州、乃ち履《くつ》を脱いで頭上に安《あん》じて出ず。泉云く、「子《なんじ》、若《も》し在らば乃ち猫児を救い得ん」。

後半は、南泉とその高弟の趙州（七七八―八九七）との二人舞台です。外出していた趙州が帰って来て、師の南泉が昼間の出来事を語ります。すると趙州は、自分の草履を頭に載せて、黙って出て行きました。なぜか……？　というわけです。

まず、黙って出て行ったのは、いまさら何を言っても無駄だからです。かりに趙州が「にゃあご、にゃあご」と言っても、猫はすでに死んでしまったのだから、それこそ下種のあと知恵です。黙って出て行くよりほかありませんよね。

では、草履を頭に載せたのは、どういう意味でしょうか？　わたしの解釈では、草履の下は大地の下ですから、そこは地獄になります。

「和尚さん、あなたは地獄に堕ちましたね」

と、趙州は師に言ったわけです。猫を殺した南泉が地獄に堕ちるのはあたりまえです。

ですが、地獄に堕ちたのは南泉だけではありません。弟子の趙州もまた地獄に堕ちたのです。

しかし、趙州はその場にいなかったのだから、趙州に責任はない――と反論されるかもしれません。でも、いなかったから……というのは免罪符にはなりません。いなかったから、いなかったという責任があります。それが証拠に、母親がすやすやと寝ている赤ん坊を家において、ちょっと買い物に出かけたときに火事が起きて、赤ん坊が焼死でもすれば、

「わたしの責任だ」

と母親は後悔しますよね。だから趙州にも責任があり、彼も地獄に堕ちたのです。わたしはそう解釈します。

ところで、『無門関』の編著者の無門慧開（一一八三―一二六〇）は、この公案に次のような頌《じゅ》（詩）をつけています。

頌《うた》っていう、
もしも趙州がおったなら、
その命令を逆手《さかて》にとったよ。
相手の刀を奪い取れば
南泉のほうが命乞《いのちご》い。

頌に曰く、
趙州若し在らば、倒《さかしま》にこの令を行ぜん。
刀子《とうす》を奪却して、南泉も命《めい》を乞わん。

弟子の趙州が師の刀を奪い取って、
「さあ、おまえが言え！　言えなければ、おまえを殺すぞ！」

とやれば、きっと南泉のほうが「お助けください」と命乞いをするだろう。それで猫が助かる、というのです。

このほうが、わたしの「にゃあご、にゃあご」よりも禅僧らしいですね。

10 趙州従諗《じょうしゅうじゅうしん》（七七八―八九七）

猫が出てきたから次は犬だ――と洒落《しゃれ》るわけではありません。が、ここで前に紹介した南泉の弟子の趙州従諗に登場してもらいます。『無門関』（第一則）に出てくる、有名な「趙州狗子《くす》」の話を検討するためです。

その前に、彼の生没年を見てください。これは誤植ではありません。趙州は百二十歳まで生きていたのです。ずいぶんと長生きですね。

それはそうと、人間はどれくらい長生きできるのでしょうか？　池田清彦著『新しい生物学の教科書』（新潮文庫、二〇〇四年）には、

《信頼できる最も長生きの記録は南フランスの女性カルマンの百二十二歳である》

とありました。昔、インドで、どう見ても五十歳ぐらいの人に年齢を問うと、「八十歳」という答えにびっくりしたことがありました。びっくりしているわたしに、周りの人が、「いや、彼は自分の本当の年齢を知らないのですよ」と教えてくれました。戸籍簿の管理がしっかりなされていない国々においては、人々は自分の年齢なんて知りません。だからときに百三十歳、

百四十歳を自称する人が現われるのです。その意味で、信頼できる記録によると、百二十二歳が長生きの最高記録になるというのです。だとすると、趙州はすごく長生きした禅僧ですね。
長生きするということは、当然に老化します。その老化について、池田清彦は、
《……老化の原因となる要因で最も重要なのは活性酸素だと考えられている。活性酸素は代謝（酸素呼吸）の副産物として不可避に生ずるから、老化の原因は生きることそれ自体である。一番体に悪いのは長生きすることだというパラドクスは冗談ではないのだ》
と言っています。わたしがいつも言っている、
――いちばん健康に悪いのは、生きていることだ――
が当たっているのですね。で、百二十歳まで生きた趙州の老化は大丈夫だったんでしょうか？　八十五歳にもなったわたしですから、相当に老化が進んでいます。ちょっと気になるもので、思わず余計なことを書いてしまいました。

さて、犬の話です。
『無門関』には、こうあります。

趙州和尚にある僧が尋ねた。

「狗《いぬ》にも仏性があるのでしょうか、それとも無いのでしょうか？」

趙州は答えた。

「無」


趙州和尚、因《ちな》みに僧問う、「狗子《くす》に還って仏性有《あ》りや也《ま》た無しや」。州云く、「無」。


じつはこの問答の、趙州の答えはまちがっています。なぜなら、大乗仏教の経典である『涅槃経』（正しくは『大般涅槃経《だいはつねはんぎょう》』）には、

《一切衆生、悉有仏性》（一切の衆生が、悉《ことごと》く仏性を有している）

とあるからです。昔の人は、経典は釈尊の説かれたものだと信じていました。そこには嘘はありません。だから、あらゆる衆生に仏性が有ることは、まちがいのない真実です。そして〝衆生〟というのは、人間ばかりでなくあらゆる生き物です。犬も猫も、象もキリンにも、いやゴキブリまでも仏性を有しています。それ故、「犬に仏性が有りますか？」と問われたら、当然、趙州は「有る」と答えねばなりません。


にもかかわらず趙州は「無」と答えた。なぜか……？　というのが、公案の問うているところです。

いま、気がつきましたが、わたしはこれまで〝公案〟について解説していなかったですね。公案とは、

《禅宗で、修行者が悟りを開くため、研究課題として与えられる問題》（『大辞林』）

です。まあ、一種の試験問題です。でも、試験問題だといって、趙州の答えに「×」をつけて、それで終りというわけではありません。それだと、あなたが教師になっています。教師は趙州であって、あなたのほうが生徒なんです。あなたのほうが試されているのです。だとすると、われわれはまずなぜ趙州が「無」と答えたのかをよくよく理解せねばなりません。

なぜでしょうか？

それは趙州に問うた人間が、「有る／無い」をまちがって捉えているからです。その質問者を含めて、世間の人は、人間が有ると認めるから有ると考えています。「あそこにきれいな虹が有ります」と言われて、その人が見たときもう虹は消えていた。すると、その人にとっては「虹なんて無い」となります。

そういう場合の「有／無」は、写真にでも撮《と》ればどちらが正しいかは判定できるでしょうが、厄介なのはたとえば人権とか、差別といったものです。アメリカは、自分の国で人種差別をしている（たとえば白人の警官が黒人を殺してしまう）のは棚に上げて、他の国に対して「差別

だ！」「人権無視だ！」「民主主義がない！」と批判します。その民主主義なるものは、そもそも多数決原理にもとづいています。多数の人が「有る」といえば有るのであり、少数の人が「無い」と言ってもそれはまちがいになるのです。

では、仏性というものは、差別や人権、民主主義と同じものですか?!

趙州に質問した僧は、仏性を人権と同じようなものに考えています。したがって、「犬に仏性は有りますか？」と問うのは、「黒人に人権は有りますか？」といった問いと同じになります。つまり僧は、趙州の意見を問うているのです。

そういう問いに趙州はまともに答えられるでしょうか?!　もしも趙州が「有るよ」と答えたら、次に僧は、

「それじゃあ、黄色人種にも人権は有るのですか？」

「殺人犯にも人権は有りますか？」

「認知症の老人にも人権は有りますか？」

と問うにきまっています。

だから趙州は「無」と答えたのです。

その「無」の意味は、

「あんな、仏性というものは、人間に有って犬には無い。善人には仏性が有るが悪人には無い。

そんなもんとは違うで。有／無を超越した無だ！」

ということでしょう。わたしはそういうふうに解釈しています。

で、わたしに「犬に仏性が有りますか？」と問われたら、

「犬に仏性は有るで。そやけど、おまえには仏性は有らへん。そやから、魚屋に行って仏性を買《こ》うておいで」

と答えるでしょう。これが試験問題に対するわたしの解答です。でも、これはいま思いついた解答で、完全なる下種のあと知恵ですね。

＊

『従容録《しょうようろく》』（第五十七則）にこんな話が収録されています。『従容録』は、宋時代の宏智正覚《わんししょうがく》が編纂した禅問答の書です。

趙州和尚のところに、禅僧の厳陽尊者《ごんようそんじゃ》が来て尋ねました。

「わたしは何もかも捨て去って、一物《いちもつ》も持っていません。そういうときは、どうすればよいでしょうか？」

すると趙州が答えました。

「捨てちゃいな！」

尊者はびっくりして問います。

「すでに何物も持っていないのです。それなのに、捨て去れと言われても、何を捨てればよいのですか？」

趙州は答えました。

「それなら、かついで行け！」

厳陽尊者趙州に問う、

「一物不将来の時如何」

州云く、「放下著《ほうげじゃく》」

厳云く、「一物不将来箇の甚麼《なに》をか放下せん」

州云く、「恁麼《いんも》ならば即ち担取し去れ」

おもしろい問答ですね。「すべてを捨ててしまった」と言っている人間に、趙州は、「放下著」（捨てよ！）と命じています。〝著〟は命令の意味の助辞です。いったい何を捨てればよいのでしょうか？

じつは、彼はまだ持っているのです。何を持っているかといえば、「わたしはすべてを捨てた」といった観念です。「おまえは、捨てたという観念を持っとる。そんな観念を捨てちゃいな！」と、趙州は問者に教えたのです。

こんな話があります。

僧が川の水で弁当箱を洗っていました。そこに子どもがやって来て、

「そこの水は汚いよ。あちらのほうで洗ったほうがよいよ」

と教えてあげました。そうすると僧は、

「仏教では、〝不垢不浄《ふくふじょう》〟といって、きれいも汚いもないと教えている。だからこだわらない、こだわらないのだよ」

たしかに『般若心経』は、

《不生不滅。不垢不浄。不増不減》

と教えています。不安といったものが生じたり滅したりするわけではありません。急須《きゅうす》の中にある茶の葉は別段汚くはないのですが、それを流しに捨てたとたん、急に茶の葉はゴミになり、汚くなります。でも、茶の葉そのものにはきれいも汚いもありません。遊んでいるときは狭いと感じていた校庭が、そこを掃除しろと命じられたとたん広くなります。しかし、校庭そ

のものの面積に増減はありません。そのような『般若心経』の教えを、僧は子どもに言ったのです。

ところがその子は、

「それなら、なぜ弁当箱を洗っているの？　洗わなくてもいいじゃないの?!」

と、僧に言いました。僧の矛盾をついたわけです。

僧は、この子のことを比叡山の慈恵《じえ》大師良源《りょうげん》（九一二―九八五）に報告しました。良源はこの子の母に掛け合い、この子を弟子としてもらい受け、比叡山に引き取りました。その子が、のちの恵《え》心僧都《しんそうず》源信（九四二―一〇一七）です。

弁当箱を洗っていた僧は、「こだわりを捨てよ！」といったことは学んでいました。しかし彼には、「こだわりを捨てなければならない――というこだわり」があったわけです。趙州が「放下著！」というのも、そのこだわりを捨てよ、ということだと思います。でもそれは、なかなかむずかしいことですね。

＊

老婆が趙州のところにやって来て、こう尋ねました。

「仏教では女性に五障があると言っています。どうしたらわたしはその五障から免れることができるでしょうか？」

するとと趙州はこう答えました。

「願わくば一切の人の天に生まれんことを。願わくば婆々《ばば》の永《とこし》えに苦海に沈まんことを」

婆子《ばす》あり問う、「婆《ばば》は是れ五障《こ》の身。如何《いかん》が免れ得ん」。師云く、「願くは、一切の人の天に生ぜんことを。願くは、婆々《ばば》の永《とこし》えに苦海に沈まんことを」。

いちいち解説しないでも、もうお分かりですよね。五障とは五つの障《さわ》りで、女性は五障の故に梵天《ぼんてん》・帝釈天《たいしゃくてん》・魔王・転輪聖王《てんりんじょうおう》・仏、になれないとされています。じゃあ、どうしたらその五障から免れることができますか？　老婆はそう問うたのです。

趙州の答えは、「おまえさんは世間の常識にこだわって悩んでいる。そんな常識を捨ててしまえ！」です。つまり「放下著！」です。でも、そう言って、老婆にそれが分かるでしょうか。たぶん分かりませんよね。だとすれば、「それならかついで行け！」と答えるよりほかありません。それが、

「すべての人は天界に生まれよ！　だが婆さんや、おまえさんだけは世間の常識に縛られて、いつまでもじくじく悩んでおれ！」

という表現になるのです。表現は表現で、言っていることは同じですね。

これは、趙州の語録である『趙州録』にある話です。

＊

これも『趙州録』に出てくる話です。


ある僧が趙州に問いました。

「道とはどういうものですか？」

「垣根のそばにあるよ」と趙州。

「そんな道を問うているのではありません。わたしは仏道の大道を尋ねているのです。仏道の大道とは何ですか？」

それに対する趙州の答え。

「大道はすべて長安に通じているよ」


僧問う、「道とは何ですか」。

師云く、「牆下底《しょうげてい》」。云く、「者箇《しゃこ》を問わず」。云く「大道」。

師云く、「大道は長安に通ず」。

〝牆《しょう》〟というのは「垣」です。垣のそばに道がある、いや道のそばに垣があります。でも、相手はそんな道を尋ねているのではありません。仏道修行、禅の「道」を尋ねています。そんなことは百も承知で、趙州は言ったのです。そして、「わたしはそんな道を尋ねているのではありません」といった抗議に対して、

「あのね、すべての道が長安に行く道なんだよ」

と教えたのです。前にも言いましたが、わたしたちが飯を食うのも禅、寝るのも禅、糞《くそ》をするのも禅、すべてが禅なんです。いや、われわれのすべての日常生活を禅にせねばなりません。それが趙州の教えです。

趙州の有名な言葉に、

　　喫茶去《きっさこ》

があります。〝去〟はたんなる助辞で、あまり意味はありません。したがってこれは、

「まあ、お茶でも召し上れ」

ということでしょう。

趙州のところに来客があります。すると彼は、「あなたは前にここに来られたことがありますか?」と訊きます。相手は、「ええ、来《こ》させていただきました」「いいえ、はじめてです」と返事をします。その返事がいずれであっても、趙州は、

「喫茶去」（まあ、お茶を召し上れ）

と言うんです。

これは、趙州がお茶が好きだったからではありません。そりゃあ、彼はお茶が好きだったでしょう。しかし、それだけではなく、彼は一杯のお茶を飲む、そのうちに禅があると考えていたに違いないのです。

前に「腹がへったら飯を食い、眠くなったら眠る」と言いましたね。飯を食うときは、あれこれつまらぬことを考えずに、しっかりと飯を食えばよいのです。ですから、茶を飲むときはしっかりと茶を飲む。それができれば立派な禅人間になれます。

11 法眼文益《ほうげんもんえき》（八八五—九五七）

われわれは第Ⅰ部において、「なんだっていい」ということを学びました。もう少し丁寧に言うと、「なんだっていいものは、なんだっていい」になります。いや、もっと丁寧に言えば……となれば、再び第Ⅰ部を繰り返すことになりそうです。ここでは唐代の禅僧の法眼文益に学びながら、その「なんだっていい」ということをもう一度考えてみましょう。

さて、禅の公案集である『無門関』（第二十六則）にはこうあります。

清涼院《しょうりょういん》の大法眼《だいほうげん》和尚の所に、僧たちが昼食前の参禅に来た。法眼和尚は手でもって簾《すだれ》を指示した。それで二人の僧が行って簾を巻き上げた。

するとと法眼が言った。

「一人はよし、もう一人は駄目だ」

清涼大法眼《しょうりょうだいほうげん》、因《ちな》みに僧、斎前《さいぜん》に上参す。眼《げん》、手を以て簾《すだれ》を指す。時に二僧有り、同じく去って簾を巻く。眼曰く、「一得一失《いっとくいっしつ》」。


この公案は「二僧巻簾」と題されています。

昼食前の坐禅に僧たちが禅堂に入って来ました。

「おい、ちょっとそこの簾を巻き上げてくれ」

と、法眼が手でもって示しました。

そこで二人の僧が行って、簾を巻き上げました。

すると法眼が言ったのです。

「一人はよし、一人は駄目じゃ（一得一失）」

と。この言葉をどう解すればよいか？　それが公案です。

わたしは、法眼は、

「ご苦労、ご苦労。二人ともちゃんと巻き上げてくれたね、ありがとう」

と言ったのだと思います。

ところが「一得一失」は、どちらかがよくて／どちらかがよくないのです。二人ともいい

――といったふうには読めませんね。それなのに、おまえはどうして「二人ともよい」と読むのか?! と難詰されそうです。

だが、それは世間の物差しによっているからです。世間の人が世間の物差しを使うのはあたりまえですが、その世間の物差しによるなら、どちらかがよくて、どちらかが悪いとなります。どちらも同じ一〇〇グラムなのに、Aは九九・九グラムでBは九九・八グラムでAのほうが重いと判定されるのです。前にわたしの小学生のときの話をしました(六九ページ)が、数が多いよりもきれいな字のほうがよい――と優劣がつけられるのです。そしてわたしたちは、そのような世間の物差しばかりを使っています。

だが、仏の物差しは、そんな世間の物差しとは違います。

仏の物差しは、優/劣、多/少、美/醜……を判定しません。あなたが優等生であってもすばらしいし、劣等生であってもすばらしいのです。金持ちであってもいいし、貧乏人であってもいいのです。すなわち、

――なんだっていい――

のです。

だから法眼の言葉を正しく翻訳すれば、

「あのね、世間の人は、どちらかがよくて/どちらかはよくないといった判定を下すであろう

が、禅僧たる者、そんな分別の知恵を磨いてはいかん。禅僧は、あらゆる事物がすばらしい、レーゾン・デートル（存在価値）がある、なんだっていいんだ、といった無分別智を磨きなさい」

となるはずです。わたしはそういうふうに考えました。

したがって、第I部で述べたことにつなげると、「一得一失」を、
馬鹿は……「一方はよくて、一方は駄目だ」、
阿呆は……「どちらでもよい」、
と受け取るでしょう。だって、巻いた簾はまたすぐにほどくことになるのですから。

この世間の物差しと仏の物差しについては、あとで鈴木正三《すずきしょうさん》のところ（一六三ページ）でもう一度考えることにします。

12 倶胝《ぐてい》（生没年不詳）

倶胝和尚という人、生没年のはっきりしない人です。彼自身は、自分は天龍和尚に学んだと言っていますが、この天龍和尚も生没年が判然としません。それでいちおう倶胝和尚をこのあたりにおきます。

その倶胝和尚は、『無門関』（第三則）に登場します。


倶胝和尚は誰に何を問われても、ただ一本の指を立てるだけであった。

この和尚のところに一人の童子がいた。あるとき、訪問客が問うた。

「ここの和尚は、どのような教えを説いておられるのですか？」

すると童子は一本指を立てた。

このことを聞いた倶胝は、そこで刃《やいば》でもって童子の指を切断した。童子は痛みに号泣しながら逃げ去って行く。そのとき倶胝は、この童子を呼び止める。童子は振り向く。そうすると、倶胝は一本指を立てた。

その瞬間、童子は突然に大悟した。

倶胝和尚が臨終を迎えたとき、集まった僧たちに言った。

「わしは天龍和尚のところで一指頭の禅を教わったが、一生かかってもそれを使い尽くすことができなかった」

そう言い終えて、和尚はすぐに息を引き取った。


倶胝和尚、凡《およ》そ詰問あれば但《た》だ一指を挙《こ》す。後に童子あり、因《ちな》みに外人《がいにん》問う、「和尚、何の法要をか説く」。童子も亦《ま》た指頭を竪《た》つ。胝《てい》、聞いて遂《つい》に刃《やいば》を以《もっ》て其の指を断つ。童子、負痛号哭《ふつうごうこく》して去る。胝、複《ま》た之《これ》を召す。童子、首を廻《めぐ》らす。胝、却《かえ》って指を竪起《じゅき》す。童子、忽然として、領悟《りょうご》す。胝、将《まさ》に順世《じゅんせ》せんとして、衆に謂《い》って曰《いわ》く、「吾《われ》、天龍一指頭の禅を得て、一生受用不尽《いっしょうじゅゆうふじん》」と。言い訖《おわ》って滅《めつ》を示す。

ここで言われていることは、

——物真似ではダメだ——

ということでしょう。

倶胝和尚は天龍和尚から一指頭の禅を教わりました。天龍和尚は、きっと誰が何を尋ねても、指を一本立てたのでしょう。二本の指を立てるのをVサインといいます。したがって一本指をIサインと名づけましょう。倶胝和尚は、天龍和尚のIサインを見て、悟りを開きました。

そこで倶胝は、誰から何を尋ねられても、いつもIサインでもって答えていたのです。それが倶胝のトレード・マーク（商標）でした。

そのトレード・マークを、弟子（童子）が盗んだのです。この弟子には名前がありませんが、われわれは彼を〝顕英〟と呼ぶことにします。和尚の留守中、来客（外人《がいにん》）がありました。応対に出た顕英に「和尚さんはどんな教えを説いておられますか？」と尋ねます。すると顕英は〈得たり〉とばかりにIサインを示します。いま気づいたのですが、顕英のIサインはたった一人の来客に対してではなかったのでしょう。機会のあるたびに顕英はIサインを出した。たぶんなかには感心する人もいた。それで顕英のIサインは評判になったのでしょう。

すると、それが和尚の耳に入る。

和尚は顕英の指を切断しました。

〈残酷だ！〉と言わないでください。現代において、外科医が胃癌の患者の胃を剔出《てきしゅつ》するのが残酷ですか？　それは立派な医療行為です。倶胝が顕英の指を切断したのもそれと同じです。やくざが指をつめるのとは違います。

顕英は泣きながら逃げて行きます。

倶胝はそこで呼び止める。

振り返った顕英の目に入ったのは、にこにこと笑った師の倶胝のＩサインでした。

そのとたん、顕英は大悟しました。

こう読んでみると、わたしが最初に「物真似ではダメだ」と書いたのが大まちがいだということが分かりました。だって、何事もみんな物真似から始まります。先述のとおり、書道の人から聞きましたが、最初からすばらしい字が書けるわけがない。最初は師匠の字を真似て、真似て真似て書いているうちに、ついには自分らしい字が書けるようになるそうです。落語家だって、初めは師匠の真似をする。真似て真似てやっているうちに、自分の芸を発見するのです。それはプロ野球の選手だって同じです。みんな真似から入るのです。

顕英だって、師のＩサインを真似ていたのです。

でも、それを一歩踏み出る契機がなかった――。

そこへ倶胝が顕英の指を切断することによって、顕英が悟りを開く契機を与えた。

そのように解釈すると、倶胝和尚の行為が立派な禅僧らしい慈悲の行為になりますね。

13 臨済義玄《りんざいぎげん》（?—八六六）

日本に伝わった禅宗には三宗があり、それぞれの開祖と日本にそれを伝えた日本の開祖は、次の通りです。

臨済宗が……臨済義玄と栄西《えいさい》（一一四一—一二一五）。

曹洞宗は……洞山良价《とうざんりょうかい》（八〇七—八六九）と曹渓慧能《そうけいえのう》（六祖慧能のことです）の名をとって曹洞宗と呼ばれています。しかし、異説もあります。日本に伝えたのは道元です。

黄檗宗《おうばくしゅう》は……江戸初期に、中国福建省の黄檗山万福寺の隠元隆琦《いんげんりゅうき》（一五九二—一六七三）が伝え弘めたものです。

その臨済宗の開祖が、われわれが次に取り上げる臨済義玄です。

『臨済義玄』は、その臨済の言行録です。語録の王者と呼ばれ、臨済宗ではバイブル扱いになっています。

そこに、ある日の臨済の説法が収録されています。

臨済が法堂《はっとう》に上《のぼ》って言われた。

「おまえたちの生身の肉体の上に、なんら世間的な位格を持たぬ真実の人間がいて、常におまえたちの目や口や鼻から出入している。これをしっかりと見きわめていない者は、さあ、看《み》よ！　看よ！」

そのとき、一僧が進み出て問うた。

「その、〝世間的な位格を持たぬ真実の人間〟とは何ですか？」

師の臨済は椅子より下《お》りて、その僧をつかまえて言った。

「さあ言え！　言え！」

その僧は一瞬遅疑《ちぎ》した。

師はその僧を突き放して言った。

「世間的位格のない真実の人間とは、まあ糞みたいなもんや」

そう言い残して、さっさと方丈に帰って行った。


上堂云く、赤肉団上《しゃくにくだんじょう》に一無位《むい》の真人《しんにん》あり、常に汝等諸人の面門《めんもん》より出入す。未《いま》だ証拠せざらん者は看よ看よ。時に僧あり出でて問う、如何なるか是れ無位の真人。師、禅牀《ぜんじょう》を下って把住《はじゅう》して云く、道《い》え道《い》え。其の僧擬議す。師托開《たくかい》して云く、無位の真人、是れ什麼《なん》の乾屎《かんし》橛《けつ》ぞといって、便ち方丈に帰る。

この説法が『臨済録』の根幹になります。ここで言われている、

——無位の真人——

が、臨済の基本思想です。わたしは「世間的な位格を持たぬ真実の人間」と現代語訳をしましたが、これはちょっと訳し過ぎですね。無位の真人は「無位の真人」であり、そのまま読み取ったほうがよいかもしれません。

では無位の真人とは何でしょうか?

わたしたちは自己紹介をするとき、あるいは他人を誰かに紹介するとき、まず名前を言い、そして性別、年齢を言います。もっと詳しく言うのであれば、会社における地位や、出身大学、本籍、現住所を言い、結婚しているか否か、そして家族構成を言います。しかし、それらは「わたし」に属するものではあっても、真の「わたし」ではありません。その真の「わたし」を、臨済は「無位の真人」と呼んだのです。

古代ギリシアの哲学者のソクラテス（前四七〇—前三九九）は、

——「自己」と「自己のもの」——

を区別しました。いま言った「わたし」に属するものがソクラテスの「自己のもの」です。彼が、デルフォイの神殿の前にある碑の言葉の「グノーティ・サウトン」を、

――汝自身を知れ！――

と読んで自分のモットーにしたのは、まさに臨済が「無位の真人を看よ！」と言ったのと同じです。つまりソクラテスは、「自己のもの」よりも「自己」を大事にしろ！と言ったのです。

もう少し言いましょうか。こんな話があります。

四人の妻を持っている男がいました。といっても、これはイスラム教の話ではありません。仏教の話です。

男は第一夫人をよくかわいがりました。いつも一緒にいて、離れることはありません。彼はまた、第二夫人をも溺愛しました。第一夫人ほどではありませんが、場合によっては第一夫人はそっちのけで、第二夫人のほうをかわいがるありさまです。

さらに第三夫人を、彼はかわいがりました。

しかし第四夫人に関しては、自分に第四夫人がいることさえ忘れてしまっているぐらいでした。まったく無視していたのです。

ところで、その男が遠い外国に旅に出ることになりました。外国へ行って、再びこの国には戻って来ないのです。

そこで男は、自分一人で行くのがいやですから、第一夫人に同行を頼みました。すると第一夫人は、

「わたくしがあなたと一緒にいるのは、あなたがこの国でわたしに贅沢な生活をさせてくださるからです。そんな外国に行くなんて、わたくしはお断りさせていただきます」

と言って、一緒に来てくれません。

彼は腹を立てましたが、〈まあ、いいや、わたしには第二夫人がいるのだから……〉とあきらめて、第二夫人に同行を頼みました。しかし第二夫人は、

「わたくしは第二夫人です。第一夫人がお断りになったのであれば、わたくしだってお断りさせていただきます」

と言います。

そこで男は、第三夫人に同行を求めます。

「そうですか、第一夫人も第二夫人もお断りになったんですか。薄情な人ですね。わたくしは国境まではお送りさせていただきます。そこから先は、どうかあなたお一人で行ってください」

それが第三夫人の返事でした。

そこまで来て、男はようやく自分に第四夫人のいることを思い出し、第四夫人に同行を求めました。第四夫人は、

「はい、喜んでお供させていただきます」

と言って、結局、第四夫人だけが外国まで一緒に来てくれることになりました。

…………

この話が何を物語っているか、お分かりになりますか？

じつは、第一夫人とはこの肉体、からだのことです。

そして第二夫人は財産。

第三夫人は妻子、そして親族。

第一夫人も第二夫人も、また第三夫人も、いくらわたしが溺愛してもこの世かぎりの付き合いです。あの世までは付いて来てくれません。第三夫人は国境まで、というのは野辺の送りはしてくれますが、所詮そこまでです。

では、第四夫人は……？　わたしが聞いた話では、これはわたしたちの心だそうです。肉体の第一夫人に対して第四夫人は心になるわけです。

しかし、いま『臨済録』の話をしていて、わたしは、臨済のいう「無位の真人」が第四夫人

だと思いました。

「おまえたちは、第一夫人、第二夫人、第三夫人ばかりにかまけている。しかし、おまえたちには第四夫人がいるんだぞ。その第四夫人を忘れとる奴は、さあ思い出せ！　思い出せ！」

臨済はそう説法したのです。そう読むと、『臨済録』もなかなかおもしろくなりますよね。


そうすると、次に一僧が進み出て来たことを、どう読めばよいのでしょうか……？

「第四夫人（無位の真人）って何ですか？」と進み出て来た僧が問うた。これは単純なる質問か、それともその僧に何かピンとくるものがあったのか。単純な質問であれば、きっと僧は進み出て来ないと思います。彼に何か摑みかけたものがあったからこそ、師の前に出て来たのです。


だから臨済はうれしかった。それでその僧の胸倉を摑んで、

「さあ言え！　言え！」

とやった。ところが、その僧は突然、立ちすくんでしまう。これは、われわれによくあることです。ここまで出かかっていて出てこない。人の名前なんかがそうです。で、彼は何も言えずに黙っている。

そして、そのことは臨済にもよく分かっているのです。わたしはここのところを、昔は、臨

済はその僧に失望したのだと読んでいました。でも、そうではありません。臨済が失望したのは、大勢の他の僧たちです。彼らは臨済の説法をただ漠然と聞き流しているだけです。それよりは、何かを摑みかけている僧に見所があります。臨済であれば、進み出て来た僧を見たとたん、

〈うん、こいつは見所がある〉

と思ったでしょう。わたしはいま、そう解釈することに変えました。

とすると、次は〝乾屎橛《かんしけつ》〟です。これは前にも出てきましたが（七二〜七三ページ）、そのときは「トイレット・ペーパー」と訳しました。だが、柳田聖山著の『禅思想』（中央公論新社）には、この語には、

《一説に、棒状になった糞そのものだという解釈もある。じつは、このほうが徹底している》

とあります。それを参考に、ここでは〝乾屎橛〟を「糞ったれ」と訳すことにします。

そうすると臨済は、

「なんだ、おまえの無位の真人は、糞ったれやな」

と罵倒したことになります。

だが、読者は早合点をしないでください。臨済が弟子を「糞ったれ」と呼んだにしても、それで臨済はその弟子を否定したわけではありません。だって釈尊にしても達磨にしても、みん

な糞をするのです。したがって無位の真人だって糞ったれです。糞ったれがいけないわけではないのです。

したがって臨済の言葉は、

「おまえの無位の真人――真実のおまえ――は糞ったれだ！　だが、おまえはその糞ったれを大事にしいや」

と励ましたものです。われわれはそう解釈しましょう。

禅問答というのは、いろんな解釈ができますね。そのいろんな解釈を楽しむところにこそ、わたしは禅の真面目《しんめんもく》があると思っています。

14 明庵栄西《みょうあんえいさい》（一一四一――一二一五）

その臨済の禅――臨済宗――を最初に日本に伝えたのは栄西《えいさい》（〝ようさい〟とも）です。号は明庵《みょうあん》。葉上房、千光法師とも呼ばれます。ですから日本の禅僧の第一号は栄西になるわけです。

ところが、栄西が伝えた禅は、純粋の禅ではありません。彼は「円・禅・戒・密」の立場、すなわち天台宗の考え方に立っていました。〝円〟は大乗仏教の意、そして〝密〟は密教です。日本の天台宗では、『法華経』を中心とする大乗仏教、それに密教と戒律、また禅をも学ぶのです。のちの禅宗のように、坐禅を根幹とする純粋な禅ではありません。日本に純粋な禅を伝えたのは、次に述べる道元です。

そういうわけで、日本の臨済宗の開祖といえば、名目上は栄西になるわけですが、臨済宗の人々はあまり栄西を高く買っていないようです。それには栄西の動きがちょっと政治的であったことも関係するでしょう。彼は鎌倉幕府に接近し、幕府の力を借りて禅を日本に弘めようとしました。それを臨済宗の人たちは栄西の汚点と考えているようです。臨済宗の人たちは、むしろ江戸時代の白隠（一六八五―一七六八）を、「日本臨済宗中興の祖」として持ち上げています。

そういう栄西ではありますが、われわれは彼を無視するわけにもいきませんので、いちおうここに登場してもらいます。といっても、彼の言葉を一つだけ紹介することにします。

見聞も広くなく、理解力のない者であっても、あるいは愚かにして智慧少なき者であっても、懸命に坐禅をすれば、必ず悟りを得る。

少聞薄解《はくげ》の輩と云ふと雖も、大鈍少智の類と云ふと雖も、若し専心に坐禅せば則ち必ず道を得ん。

これは栄西の主著である『興禅護国論』に書かれている言葉です。いたって平凡な言葉ですが、天台宗の考え方だと坐禅をやってもダメなんです。ほかにいろいろの修行をせねばなりません。それを栄西は、坐禅だけでよいと断言し、またどんな人でも懸命に坐禅をやれば悟りを得ると言った。つまり門戸を開いたわけです。

そのような断言こそが、日本の禅のはじまりと言えます。やはり栄西を日本の禅宗の嚆矢《こうし》としてよいと思います。

15 希玄道元《きげんどうげん》（一二〇〇―一二五三）

臨済宗に対して曹洞宗があります。日本の曹洞宗の開祖は道元です。ところが道元自身は、

そうであるのに、仏から仏へと正しく伝わってきた大道を、あえて〝禅宗〟と呼ぶ連中は、仏道を夢にも見たことがないのであり、仏道を夢にも聞いたことがないのであり、仏道を夢にも伝承したことがないのである。みずから〝禅宗〟と呼称する連中にも仏法があるのであろうと認めてやってはならない。〝禅宗〟という呼称は、誰が称したのであろうか。諸仏や祖師たちのうちで、〝禅宗〟と呼んだ者はかつていない。知るべし、〝禅宗〟の呼称は、天魔波旬《てんまはじゅん》（仏道の妨げをなす魔王）が称するものだ。天魔波旬が使う呼称でもって呼ぶ者は、魔の仲間であって、仏祖の後継者ではない。

しかあるを、仏々正伝の大道を、ことさら禅宗と称ずるともがら、仏道は未夢見在《みむけんざい》なり、

未夢聞在なり、未夢伝在なり。禅宗を自号するともがらにも仏法あるらんと聴許《ちょうこ》することなかれ。禅宗の称、たれか称じきたる。諸仏祖師の禅宗と称ずる、いまだあらず。しるべし、禅宗の称は、魔波旬《まはじゅん》の称ずるなり。摩波旬の称を称じきたらんは魔儻《まとう》なるべし、仏祖の児孫にあらず。（『正法眼蔵』「仏道」）

と捲《まく》し立てています。〝禅宗〟なんて言う奴は天魔の仲間だ——と言うのです。ましてや〝曹洞宗〟なんて言えば、道元の叱責を買うでしょう。彼は、自分の伝えた仏教こそ「正伝の仏教」だと自負していたのです。

でも、道元のお叱りを受けるかもしれませんが、われわれは便宜的に道元を日本の曹洞宗の開祖にしておきましょう。

道元は京都の貴族の名門の家に生まれました。だが、何を思ったか、彼はみずから決意して出家し、比叡山に入りました。

ところが、比叡山に入ったとたん、彼は一つの疑問を抱いたのです。道元の伝記である『建《けん》撕記《ぜいき》』によると、それは、顕教も密教もともに、「本来人間には仏性があり、生まれたそのまんまが仏性である」と教えている。もしそうであるなら、過去・現在・未来の諸仏はどうして発心《ほっしん》して菩提《ぼだい》（悟り）を求める必要があったのか？

顕密の二教ともに談ず。「本来本法性《ほんらいほんぼっしょう》、天然自性身《てんねんじしょうしん》」と。もしかくのごとくならば、則ち三世の諸仏、甚《なん》に依ってか更に発心《ほっしん》して菩提《ぼだい》を求むるや。

というものでした。前に〝仏性〟を「仏になる可能性」だと言いましたが、ここではむしろ「仏の性質」と解したほうがよいでしょう。つまり、みんな仏の性質を持っているのに、なぜ仏になろうとして修行せねばならないのか？　といった疑問です。オタマジャクシは蛙の子です。やがて手が出て足が出て、蛙になります。そういう遺伝子を持っているのに、なぜオタマジャクシが蛙になるための修行をせねばならないのか？　といった疑問です。

そして道元は、人々にその疑問を問い尋ねました。

問われた人にすれば、馬鹿げた質問です。だって比叡山は修行の道場でしょう。修行するために比叡山に来て、「なぜ修行をしないといけないのですか？」と問う。〈それなら、おまえは山を下りろ〉、そう思った人も多かったでしょう。

結局、道元はわずか一年で比叡山を下りています。

そして彼は宋に行きました。

宋において、道元は如浄《にょじょう》という禅師にめぐり会い、悟りを開くことができました。

その悟りを開く切っ掛けは、道元が師の如浄から、

——身心脱落《しんじんだつらく》——

といった言葉を聞いたからです。

『建撕記』によると、その日、如浄は坐禅をしている最中にこっくりと居眠りをしている雲水に大喝《だいかつ》を加え、警策《きょうさく》で叩きました。そして、

「参禅はすべからく身心脱落なるべし。それなのにおまえは居眠りばかりをしておる。そんなことでいいのか?!」

と言いました。この場合の〝身心脱落〟は、邪念をなくして坐禅に励むことです。それを道元は文字通りに「身心を脱落させること」、すなわち「自我意識を捨てること」と聞いたのです。そして突然、悟りが開けたのです。

人間は誰だって自我意識を持っています。幼時には自他の区別は判然とせず、自我意識はあまり明らかではありませんが、自我意識は年齢とともに発達します。極端な場合、自我意識が対抗意識や競争意識になりますが、〈俺は……〉といった意識はおとなになれば誰にだってあ

るのです。

だが、道元は、その自我意識を無くすことが「身心脱落」だと受け取ったのです。

でも、自我意識を完全に無くすなんてことはできません。認知症の人間だって、〈わたしは……〉といった意識はあります。

道元が考えた「身心脱落」はどういうものであったか……。彼が言っていることを聞いてみましょう。

仏道を学ぶということは、自己を学ぶことだ。自己を学ぶというのは、自己を忘れること。自己を忘れるというのは、悟りの世界に目覚めさせられることである。悟りの世界に目覚めさせられるということは、自己および他己《たこ》（他なる自己。すなわち自己のうちにある他人）を脱落させることである。

仏道をならふといふは、自己をならふ也《なり》。自己をならふといふは、自己をわする、なり。自己をわする、といふは、万法に証せらる、なり。万法に証せらる、といふは、自己の身心および他己《たこ》の身心をして脱落せしむるなり。（『正法眼蔵』「現成公案《げんじょうこうあん》」）

彼は、「自己を学ぶこと」イコール「自己を忘れること」イコール「悟りの世界に目覚めさせること」イコール「自己と他己も脱落させること」だといっています。ここで〝他己〟なんていう耳馴れない言葉が登場しますが、わたしたちが対抗意識を持ったり競争意識を持ったりする他人は、わたしたちの外にある存在ではなくて、内にある存在なんですね。わたしが〈あの野郎……〉と思っていても、相手はわたしのことなんてちっとも気にしていない。そういうことがしばしばあります。だから「他己」というのは「自己」の内にあります。それで道元は〝他己〟といった言葉を使ったのです。

わたしたちの自我意識（角砂糖）は、他己（自分の内にある他人）とのぶつかり（対抗意識・競争意識）によってボロボロに崩れてしまう（自分が傷つく）ことがあります。普段はその崩れた角砂糖を修復し、手直ししながら生きているのですが、もう修復不可能になって発狂するようなこともあります。しかし、道元は、角砂糖を修復なんかせずに、湯の中に放り込めばよいと言うのです。その湯の中が悟りの世界です。

さあ、そこで、問題は自我意識なんです。よく自我意識――〈俺が、俺が……〉といった意識――なんて捨ててしまえ！　と言う人がいますが、自我意識は捨てられません。そんなことがもしできれば、その人は赤ん坊以下の存在になってしまいます。道元はどう考えたか……？

道元の考え方を理解するには、わたしはこの自我意識を角砂糖に譬《たと》えるとよいと思います。

湯の中（悟りの世界）に放り込まれた角砂糖（自我意識）は消え失せた、消失したわけではありません。湯の中に溶けてしっかりと存在しています。それが「身心脱落」です。道元はそう考えたと思います。

それと同じことを、また道元は次のようにも言っています。

わたしたちのこの生死《しょうじ》は、すなわち仏の御いのちである。これを忌避し捨てんとすれば、まさしく仏の御いのちを失うことになる。逆に、これを大事にしすぎて生死に執着すれば、それも仏のいのちを失って、ただ外形だけで仏の格好をしているにすぎない。生死を厭《いと》うことなく、執着することもなくなったとき、そのときはじめて仏のこころが分かってくる。ともあれ、あれこれ揣摩《しま》臆測《おくそく》するな。言葉でもって言おうとするな。ただ、わが身とわが心をすっかり忘れ去ってしまい、すべてを仏の家（仏の世界）に投げ込んでしまって、仏のほうからの働きかけがあって、それに随《したが》っていくようにしたとき、力も入れないで、心労もせず、迷いを離れて悟りを得ることができる。そのようにすれば、誰も心を悩ませることはない。

この生死《しょうじ》はすなわち仏の御《おん》いのちなり。これをいとひすてんとすれば、すなわち仏の御いのちをうしなはんとするなり。これにとどまりて生死に著すれば、これも仏のいのちをうしなふなり、仏のありさまをとゞむるなり。いとふことなく、したふことなき、このときはじめて仏のこゝろにいる。たゞし、心をもてはかることなかれ、ことばをもていふことなかれ。ただわが身をも心をもはなちわすれて、仏のいへになげいれて、仏のかたよりおこなはれて、これにしたがひもてゆくとき、ちからをもいれず、こゝろをもつひやさずして、生死をはなれ、仏となる。たれの人か、こゝろにとゞこほるべき。(『正法眼蔵』「生死」)

いささか長い引用になりましたが、この『正法眼蔵』の「生死」の巻は、江戸時代に永平寺の宝蔵から発見されたものです。それでこれを道元のものと認めない学者もいますが、わたしは、これは道元のものと信じています。まさにこれこそ、「身心脱落」についてわたしたちに分かりやすく解説してくれていますよね。

*

道元に『典座教訓《てんぞきょうくん》』と題する著述があります。〝典座〟とは、禅宗寺院における食事係の役僧です。その典座から多くの教訓を学んだことを、道元はこの書に述べています。

そこにこうあります。道元が宋に渡って、まだ上陸せずに船の中にいたときです。その船に阿育王寺の老典座が日本産の椎茸《しいたけ》を買いにやって来ました。道元は感激します。なにせ中国で最初に会った僧ですから。

それで道元は、自分がその老僧を接待するから、この船に泊まって行けと申し出ます。しかし、老僧は、自分には僧たちの明日の食事を作る仕事があるからといって、道元の接待を断ります。

そこで道元が言いました。

「あなた様のようなお年で、どうして坐禅修行に励み、また古人の語録を読もうとなさらず、煩わしい典座のような任につき、ひたすら雑用に務めて、いったいどのようないいことがあるのですか?!」

典座は笑いながら応《こた》えました。

「外国から来られた方よ、あなたにはまだ修行というものがどんなものか、文字とは何かが分かっておられないようだ」

山僧、又典座に問う、「座尊年、何ぞ坐禅弁道し、古人の話頭《わとう》を看せざる。煩《わずら》わしく典座に充《あ》てられて、只管《しかん》に作務し、甚《なん》の好事か有らん」と。座、大笑して云う、「外国の好人、未だ弁道を了得せず、未だ文字を知得せざる在《あ》り」と。

この段階（中国に渡ったばかりのころ）にあっては、道元は典座という仕事を雑用と考え、重要とは考えていなかったのです。だが、禅宗においては、人間のあらゆる行動――行・住・坐・臥のすべて――が禅であり、禅の修行になります。このことは、すでに何度も述べてきたことですね。でも、道元にはまだそれが分かっていなかったのです。

禅が生活禅（生活そのものが禅である）ということに道元が気づくのは、それからしばらくしてからでした。

『典座教訓』には、さらに次の話もあります。

わたしが天童寺にいたとき、地元の寧波《ニンポー》出身の用《ゆう》という人が典座に任じられていた。わたしが食事を終えて東の廊下を通って超然斎《ちょうねんさい》という部屋に戻るとき、その典座が仏殿の前で海藻を干していた。手に竹の杖を持ち、頭には笠をかぶっていなかった。太陽はかっかと照り、地に敷いた瓦も焼けつくように熱かった。汗が流れ落ちるなかを必死になって海藻を干し、だいぶ苦しそうであった。背骨は弓のように曲がり、眉は鶴のように白かった。わたしは近づいて行き、典座の年齢を尋ねた。典座が言った、「六十八歳だ」と。わたしは言った、「どうして在家の雑用係にやらせないのですか?!」と。

「他人はわたしじゃない」というのが典座の返答。

わたしが言った、「なるほど、その通りです。でも、太陽が照りつけているではありませんか。どうしてこんなときに、そのような仕事をなさるのですか」と。

典座が答えた、「では、いつまで待てばいいのだ?!」と。

わたしは絶句した。廊下を歩きながら、典座がいかに重要であるかを悟った。

山僧《さんぞう》、天童に在りし時、本府の用《ゆう》典座、職に充《あ》てらる。予《よ》、斎罷《さいおわ》るに因《よ》り、東廊を過ぎて超然斎《ちょうねんさい》に赴けるの路次《ろじ》、典座は仏殿の前に在《あ》りて苔《たい》を晒《さら》す。手に竹杖《ちくじょう》を携《たずさ》え、頭には片笠《へんりゅう》も無し。天日は熱く、地甎《ちせん》も熱きも、汗流して徘徊《はいかい》し、力を励まして苔を晒《さら》し、稍々《やや》苦辛《くしん》するを見る。背骨は弓の如く、竜眉《りゅうび》は鶴《つる》に似たり。山僧、近前《ちか》づきて、便《すなわ》ち典座の法寿《ほうじゅ》を問う。座云う、「六十八歳なり」と。山僧云う「如何んぞ行者《あんじゃ》、人工《にんく》を使わざる」と。座云う、「他は是《こ》れ吾《わ》れにあらず」と。山僧云う、「老人家《ろうにんけ》、如法なり。天日《てんじつ》且つ恁《かく》のごとく熱し。如何《いかん》んぞ恁地《かくのごとく》にする」と。座云う、「更《さら》に何《いず》れの時をか待たん」と。山僧、

便ち休す。廊を歩むの脚下、潜《ひそ》かに此の職の機要《きよう》たるを覚る。

用という名前の典座は、道場での心構えについて教えてくれた重要な人です。

この用典座の言った、

「他は是れ吾れにあらず」(他人はわたしじゃない)

「更に何れの時をか待たん」(では、いつまで待てばいいのだ?!)

がいいですね。

わたしたちは、「あとで、あとで」と言いますが、その「あと」はいつやってくるのでしょうか?!

禅においては、

——即今《そっこん》・当処《とうしょ》・自己《じこ》——

なんです。「わたしが・いま・ここで」やるべきことをやるのです。禅僧が庭を散策しているとき、落ち葉を拾って袂《たもと》に入れました。すると侍者が、「和尚、おやめください。あとで係の者に掃除させますから」と言った。すると和尚は、

「馬鹿者!〝あとで、あとで〟と言っていて、庭がきれいになると思うか?!」

と叱りました。いま一枚の落ち葉を拾えば、それだけ庭がきれいになるのです。

話がゴミに行ったもので、脱線を承知の上で蛇足を加えさせていただきます。仏教は、「ゴミを拾え」とは教えていません。そのように言われる禅僧も多いのですが、むしろ、

——ゴミなんて気にするな！——

というのが禅の教えだと思います。

前にも言いました（一〇八ページ）が、『般若心経』は、

《不垢不浄》

と言っています。赤ん坊のおむつは平気で取り替えることができますが、姑のおしめは〈汚ない〉と思ってしまう。娘が、「わたしの下着をお父さんのパンツと一緒に洗わないで」と注文をつけるそうです。つまりわたしたちはきれい／汚ないにこだわっているのです。そういうこだわりを捨てろ！　仏教はそう教えています。

ゴミを汚ないと思う、そういうあなたの心のほうがもっと汚ないですね。

＊

最後に、『正法眼蔵随聞記』から道元の説法を二つばかり引用しておきます。この『正法眼蔵随聞記』は、道元の弟子の懐弉《えじょう》（一一九八—一二八〇）が編纂したものです。生没年を見れば気づくでしょうが、この弟子は師よりも二歳年上です。

法談のついでに言われた。

たとえ自分のほうは道理があると思って言い、相手はひがみ根性から曲がったことを言っても、理ぜめで相手を言い負かすのはよくない。また、自分は実際に道理だと思っていながら、わざと自分のほうがまちがっていましたと言って退くのも、早まったことだ。相手を言い負かさず、自分のほうもまちがったことを言わずに、ごくごく自然に終わるのが好ましい。相手の道理に外れた言葉を耳に入れぬようにして忘れるならば、相手のほうもこちらの言葉を忘れてくれて、腹を立てることがない。これが対論の際に心すべき第一のことだ。

法談の次《ついで》に示して云く、設使《たとひ》我れは道理を以て云ふに、人はひがみて僻事《ひがごと》を云《いう》を、理を攻て云ひ勝《かつ》はあしきなり。亦我《われ》は現《げん》に道理と思へども、吾が非にこそと云《いい》てはやくまけてのくもあしばやなり。只《ただ》人をも云ひ折らず、我が僻《ひが》ごとにも謂はず、無為《むい》にして止《や》みぬるが好《よ》きなり。耳に聴入《ききい》れぬようにして忘るれば、人も忘れて瞋《いか》らざるなり。第一の用心《ようじん》なり。

なんだかこれは、わたしのことを言われているようで、耳が痛いですね。はい、はい、よく気をつけるようにします。

ある日、弟子たちが修行しているところで言われた。仏道を学ばんとする人は、自分の見解に固執してはならない。たとえ会得するところがあっても、それだとどこかよくないことはありはしないか、あるいは自分の会得したものよりもすぐれた考え方があるのではないかと思って、広く指導者が訪ねて行き、また過去の人々の言葉を尋ねるべきである。さらに、過去の人の言葉にだって固執してはならない。あるいはそれを信じる場合でも、これだってまちがっているかもしれないと思い、少しでもそれよりすぐれた見解があれば、そのすぐれたほうにつくべきである。

一日参学の次《ついで》に示して云く、学道の人は、自解《じげ》を執《しゅう》することなかれ。設《たと》ひ会《え》する所ろありとも、若《も》し亦決定《けつじょう》よからざる事もやあらん。亦是よりもよき義もやあらんと思ふて、広く知識をも訪ひ、先人《せんじん》の言《ことば》をも尋ぬべきなり。亦先人《せんじん》の言《ことば》なりともかたく執《しゅう》する事なかれ。若し是もあしくもやあるらん、信ずるにつけてもと思《おもい》て、次第にすぐれたる事あらば其れにつくべきなり。

これも、わたしのために言われたもののように思います。拳々服膺《けんけんふくよう》させていただきます。

16 一休宗純《いっきゅうそうじゅん》（一三九四―一四八一）

禅僧宗純《そうじゅん》と呼んでも誰も知らないと思います。ところが禅僧一休といえば、知らない人がいないくらいです。アメリカ人が日本に来て、禅僧になりました。師匠は彼に僧名を与えようとします。

「おまえは、どういう名前が好きか？」

「わたしは一休さんが大好きです。だから〝一休〟にしてください」

「しかしな、やはり〝一休〟にはできん。じゃあ〝二休《にきゅう》〟にしてやろう」

「サンキュー」

いいえ、これはジョークです。

その一休というのは道号です。道号は悟りを開いたときに師からもらう名前です。われわれの本名にあたる僧名が宗純。ですから彼のフル・ネームは一休宗純になります。

彼が一休の名を師からもらったとき、こんな歌を詠みました。

有漏地《うろじ》より無漏地《むろじ》へ帰る一休《ひとやす》み
雨ふらば降れ風ふかば吹け

〝有漏・無漏〟については、既述しました（六一ページ）。煩悩の有／無をいいます。わたしは、これを、

地獄、極楽、堺《さかい》の峠《とうげ》　ここらでちょっと一休み
雨よ降れ触れ　風よ吹け吹け

と訳しました。名訳でしょうか、迷訳でしょうか。

この世――娑婆《しゃば》世界――は煩悩と苦しみの世界です。〝娑婆〟という語がサンスクリット語の〝サハー〟を音訳したもので、「忍耐」を意味します。われわれはこの世においては苦しみを耐え忍んで生きねばなりません。しかし、一休にとって、この世はほんのちょっと一休みする場所なんです。

では、苦しみを耐え忍んだあとはどうなるのでしょうか……？　一休はこう言っています。

借用申す昨月昨日
返却申す今月今日
借り置きし五つのもの四つかえし
本来空にいまぞもとづく

〝借り置きし五つのもの〟とは、地・水・火・風・空《くう》です。このうちの地・水・火・風が〝四大《しだい》〟と呼ばれ、人間の身体を構成する四つの元素です。病気は、それら四つの元素の調和が崩れたとき起きると考えられていたので、病気のことを〝四大不調〟というのです。

われわれはこの身体（四大）をほとけさまから借りています。その借りていた四大をほとけさまにお返しして本来の空の状態に戻ります。それが死です。一休はそのように言っています。

一説によると、この歌は一休の辞世の句だとされています。

まあ、ともかく一休にとって、この世はほんの「一休み」の場所なんです。だから彼は、

よの中はくうて糞してねて起きて
さてその後は死ぬるばかりよ

と言っています。あまりこの世に執着していなかったようです。

もう少し、一休の道歌を紹介しておきます。道歌というのは、仏教の精神を詠んだ歌です。

本来もなきいにしへの我《われ》なれば
　死にゆく方《かた》も何《なに》も彼《か》もなし

元の身は元のところへかへるべし
　いらぬ仏《ほとけ》をたのみばしすな

仏とて外《ほか》にもとむる心こそ
　まよひの中の迷《まよい》なりけり

其《その》ままにうまれながらの心こそ
　ねがはずとても仏なるべし

やきすてて灰になりなば何ものか

残りて苦をば受《うけ》んとぞおもふ

＊

一休を評して、多くの人が、

――風狂の禅者――

と呼びます。〝風狂〟とは、常軌を逸脱している人です。

一休に「風狂」の名を最初に冠したのは、彼の師であった華叟《かそう》でありました。

一休が二十九歳のとき、大徳寺如意庵で華叟の師の三十三回忌が行われました。大勢の僧たちが盛装に威儀を正して出席しています。ただひとり一休は、色褪せた墨染の衣にすり切れ草履。「なぜ盛装せぬか?!」と華叟に問われて、

「あんな贋緇《がんし》（ニセ坊）の仲間入りはごめんです」

と吐いて捨てるがごとくに答えました。

その法要のあと、休息している華叟に一人の僧が尋ねました。

「和尚百年ののち、法を伝えるのは誰ですか？」

間髪を入れず華叟が答えます。

「風狂と道《い》ふと雖《いえど》も、箇《こ》の純子（宗純。つまり一休）あり」

あいつはまちがいなく狂っとるけれども、わしの法を伝える者は一休しかおらん――。師の華叟は、一休を高く評価していたのです。

「狂っとる」と言われてもいいのです。いや、禅の世界では「狂い」が名誉勲章ではないでしょうか。

室町後期に編纂された歌謡集の『閑吟集《かんぎんしゅう》』に、こんな歌があります。

《何せうぞ　くすんで　一期《いちご》は夢よ　たゞ狂へ》

何になろうか、まじめくさって。人間の一生なんて夢でしかない。ひたすら遊び狂え！　そういった意味です。室町時代は、南北朝の統合のあった明徳三年（一三九二）に始まるそうですから、その二年後に生まれた一休は、まさに室町時代の人間です。『閑吟集』のこの歌は、一休の心境とぴったり一致しそうです。

狂うということは、まじめ人間でなくなること、常識外れになることです。禅は常識を嫌います。禅は非常識である。そう断言してもよいと思います。

たとえば、こんな話があります。唐代の禅僧の石頭希遷《せきとうきせん》（七〇〇―七九〇）が兄弟子と一緒に山作務《やまざむ》に出かけたときです。兄弟子が石頭に、「ちょっと山刀を貸してくれ」と頼みます。石頭は兄弟子に刃のほうを向けて、「そら、受け取れ」と差し出しました。すると兄弟子は、「おい、柄のほうを出してくれよ」と言う。すかさず石頭は言いました。

「柄が何になる?!」

人に刃物を渡すとき、柄のほうを相手に向けて渡すのが常識です。その点では石頭のほうが常識外れ、非常識です。しかし、そんな常識にしがみついてのほほんと生きている兄弟子だからこそ、大事な山刀を忘れて来たりするのです。だって山作務に山刀が必要なことは誰だって知っているはずです。

刃物で大事なのは、刃であって柄ではありません。その柄（常識）のほうにしがみついている兄弟子に、石頭は大事なことを教えたのです。もちろん、世間の人は兄弟子のほうを常識人と褒めるでしょう。それは法要に正装して出席する人を常識人と見るのと同じです。しかし、石頭にしろ一休にしろ、非常識の人間だからこそ禅の人なんです。わたしはそう思います。

一休は狂っています。その狂っている証拠に、こんなことを言っています。

いにしえは、道心をおこす人は寺に入りしが、今はみな寺をいづるなり。（『骸骨』）

昔の人は修行のため寺に入ったが、いまは修行のために寺を出るようになった。そんな非常識なことを言っているのです。もちろん、彼も十七歳のときに西金寺の謙翁宗為《けんおうそうい》に師事して、しっかりと修行を積みました。しかし、世間一般の寺院は堕落しています。そんな堕落の禅寺で修行したって、ニセモノ坊主しか出来んぞ——と言って、彼は寺を敬遠するようになったのです。

《……〔一休が生きた〕当時の禅門の腐敗や堕落は目に余るものがあり、それに対する一休の非難は極めて執拗であった。しかも、堂々と遊郭に出入りし、正月には骸骨を竹の棒につけ、「ご用心、ご用心」と言って歩いたり、関の石地蔵の開眼供養を頼まれて、頭の上から小便をかけたりと、乱行と思われる振る舞いをあげたらきりがない。実に強烈な人間性を赤裸々にして生きた風狂の禅者であった》

藤原東演著『禅の名僧列伝』(佼成出版社)にそうありました。寺よりも遊郭に一休の修行の場があったようです。

もっとも、一休はときには寺に住みます。一休、四十七歳のとき、永享十二年(一四四〇)六月二十日、大徳寺の長老たちの請いに応じて、一休は大徳寺山内の如意庵に住することになりました。だが、寺はやっぱり一休には窮屈だったのでしょう。ものの十日もせぬうちに、彼は寺を逃げ出しています。

住庵十日意《こころ》忙々《ぼうぼう》たり

脚下の紅糸線《こうしせん》甚だ長し
他日君来つてもし我を問はば
魚行酒肆《ぎょこうしゅし》また婬坊《いんぼう》

逃げ出すにあたって、彼はこんな詩をつくっています。詩なんてうまく訳せるはずはないのですが、いちおうやってみます。

十日も住めば、お寺はうんざり
わしには娑婆っ気、ありすぎる
どこへ行ったかわしを捜すなら
魚屋、酒屋、それともお女郎屋

一休の居場所は、いつも決まって赤い灯・青い灯のネオン街でした。女性と交われば子どもが出来ます。一休には岐翁紹偵《ぎおうしょうてい》なる実子がいたとされます。しかし、これには異論を差し挟む学者もいますが、一休が女と寝たのであれば、子どもが出来ても不思議はありません。

＊

一休の詩集である『狂雲集』には、こんな詩があります。

婬坊に題す

美人の雲雨《うんう》愛河深し
楼子老禅楼上に吟ず
我に抱持《ほうじ》唼吻《そうふん》の興ありて
竟《つい》に火聚捨身《かじゅうしゃしん》の心なし

ここまでくれば、もうわたしはお手上げです。まあなんとか訳してみよう。

お女郎屋さん讃歌

美人と寝ればたっぷりラブ・ジュース
よぼよぼ禅僧、女郎屋でホステスと合唱
わしは女を抱いたり口づけはするが
おカタい修行はまっぴらご免

こんな詩は、一休が創作的につくったもので、実際の体験ではないと主張する学者もいますが、わたしはそうは思いません。一休には女に狂った現実があります。

一休の風狂が極まるのは、盲目の女性の森女《しんじょ》との出会いです。文明二年（一四七〇）、一休七十七歳のとき、一休は森女と出会います。そのとき森女は、四十歳くらいであったでしょう。そして翌年の春、彼女と再会して、一休は森女と同棲を始め、ほぼ十年、二人の交情が続きます。八十八歳といえば米寿《べいじゅ》です。米寿の老人が、

美人の陰に水仙花の香あり

と、クンニリングスを思わせる詩をつくっているのですから、まさに狂っているとしか言えませんよね。

＊

しかし、一休は禅者でありました。

なるほど彼は「狂気」を生きました。しかし、「狂気」に埋没したのではありません。「狂気」と「正気」の緊張関係のうちを、彼は生きたのです。だからこそ、彼は禅者であったのです。

それ故、彼は弟子たちに言い残しています。

老僧、身後（＝死後）、門弟の中、或は山林樹下に居し、或は酒肆婬坊に入り、禅を説き道を説きて、人の為に口を開くの輩《やから》有らば、是れ仏法の盗賊、我が門の怨敵《おんてき》なり。（「遺誡」）

一休は、一休の狂気を真似て、「狂気」に埋没してしまう弟子どもが出てくることを心配したのです。酒を飲み、女を抱くことが禅だと、馬鹿な早合点をする奴の出てくることを彼は恐れたのです。狂気を真似ても狂人にしかなれません。真に「狂気」を生きたとき、人は禅者になれるのです。

＊

一休の遺偈《ゆいげ》にあります。遺偈とは、禅僧のこの世の別れの詩です。

須弥《しゅみ》の南畔《なんばん》
誰か我が禅を会する
虚堂《きどう》来たるも

半銭に直《あたい》せず
——東海の純一休

この宇宙の中央に須弥山《しゅみせん》という山があり、その南にわれわれの人間世界があります。その人間世界のうちで、わしの禅を分かってくれる奴は誰もおらんじゃろ。虚堂のおっさんよ、あんたが出て来ても、一円の値打ちもないわ。

虚堂智愚《きどうちぐ》（一一八五—一二六九）は南宋の禅僧です。一休は虚堂を敬慕し、虚堂七世の法孫を自称していました。その虚堂をすら、最後には否定したのです。

ひょっとすれば、禅は否定の精神かもしれません。

17 鈴木正三《すずきしょうさん》（一五七九―一六五五）

鈴木正三は江戸初期の禅僧です。

彼は三河《みかわ》（愛知県）出身の武士で、徳川家に仕え、関ヶ原の合戦や大坂の陣にも出陣したのですが、元和六年（一六二〇）、四十一歳で出家しました。彼自身は曹洞宗に属する禅僧ですが、既成の教学にとらわれず、世俗の職業生活に即した仏法を説いたことで知られています。

その鈴木正三の『驢鞍橋《ろあんきょう》』にこうあります。

ある人がこのように語った。

「この前、行脚《あんぎゃ》のとき、師はわざわざ悪い宿に泊まられた。そこでわたしが、

〝同じ料金であれば、悪いほうをやめるべきだ〟

と進言したら、師が言われた。

〝同じ金を出すのであれば、人様のためになるようにすべきだ。いい宿は誰もが泊まるから、心配はいらぬ。人の敬遠する、倒産寸前の悪い宿に泊まってやれば、それだけ人助け

になる。自分はちょっと不自由をするが、それもたった一夜のことだ〟そう言って、その後もますます悪い宿に泊まられた」

或人語《かたり》て曰《いわく》、此前行脚《あんぎゃ》の時、師好んで悪《あし》き宿を借り給《たも》ふ。我同じ銭《ぜに》を乍レ出《だしながら》悪《あし》き宿は御無用也と云《いい》ければ、師曰《いわく》、同じ銭を出すならば、人の為《ため》に成《なる》やうにせでは。能宿《のうしゅく》は人毎《ごと》に借間《かるあいだ》事不レ欠。悪き宿の人に借《から》れず、つゝきかぬる処に助留《たすけどまり》に留《とまり》たるは、功徳に非ずや。少《すこし》我身不自由なる分は、一夜のこと也《なり》と云て、弥《いよいよ》悪き宿に留《とまり》給と也。

これを読んだとき、わたしは思いました。

〈そりゃあ、たしかによい宿と悪い宿は、最初は偶然によって差が出来るかもしれない。しかし、その後は、よい宿はそれだけの投資をするからますますよくなり、悪い宿はますますサービスが悪くなるのではないだろうか。そういう悪い宿にたった一晩、二、三人が泊まったところで急によくなるわけがない。だとすれば、わざわざ悪い宿に泊まる必要はないのではないか……〉

そうすると、わたしたちはわざわざ悪い宿を選ぶ必要はなさそうです。わざわざ悪い宿を選ぶのも、ある意味では分別しているのです。したがって、わたしたちはデタラメに、行き当たりばったりに泊まったほうがよいのではないでしょうか。わたしは、そのほうが無分別になると思います。

＊

わたし自身のやり方ですが、観光地などでずらっと食べ物屋が並んでいる所では、誰も客がいない店を選んで入ることにしています。それは、鈴木正三の考え方と違います。客の入っていない店のほうが、落ち着いてゆっくり食べられるからです。

しかし、わたしたちが入ると、あとから客がやって来て、満員状態になることがあります。誰かが入っていると、あとの人が安心して入れるからでしょうか。せっかく空《す》いている店に入ったのに、あれは困りますね。

18 盤珪永琢《ばんけいようたく》（一六二二―一六九三）

盤珪永琢は、すでに第Ⅰ部で登場してもらいました（二二ページ）。でも彼は、『岩波仏教辞典』によると、

《……（盤珪は）二十六歳のときに大悟して証明を求めたが、正師を得られず、たまたま来日した中国僧道者に謁してその印証を得た。のち師兄《すひん》の牧翁に嗣法して、〈不生禅《ふしょう》〉を提唱。一世の名僧として、多くの僧俗に安心《あんじん》を与えた。彼の説く〈不生の仏心〉は、遠く中国唐代の純禅に直結するもので、たとえば黄檗希運《おうばくきうん》の『伝心法要』の所説を本当にこなして日本語で説いたら、『盤珪仮名法語』の説法そのものになるであろう。かれは平話（日常の話し言葉）で禅を説いたので、その所説は一般民衆に解り易かった。最も純粋な禅の代表者として世界的に注目されている》

と、すごい褒めようです。そんな偉い禅僧、世界的な禅僧ですから、われわれもこの第Ⅱ部において取り上げることにしましょう。

さて、盤珪といえば、

――「不生禅」「不生の仏心」――

となるわけで、最初にその点についての盤珪の提唱を聞いてみましょう。以下はだいぶ長い引用ですが、『盤珪禅師法語』（藤本槌重編著『盤珪禅師法語集』春秋社、所収）によりました。現代語訳は必要ないでしょう。


さて、皆の衆へいひまするは、親の産み付けてたもったは、仏心一つでござる。余《よ》の物は、一つも産み付けはさしやりませぬ。その親の産み付けてたもった仏心は、不生にして霊明なものでござって、不生で一切《いっさい》の事が調ひまする。その不生で調ひまする証拠は、皆の衆がこちら向いて、身共が云ふことを聞いてござるうちに、後ろにて烏の声、雀の声、それぞれの声が、聞かうとも思ふ念を生ぜずに居るに、烏の声、雀の声が通じ別れて、聞き違はず聞かるるは、不生で聞くといふものでござる。そのごとくに皆、一切の事が不生で調ひまする。これが不生の証拠でござる。その不生にして霊明なる仏心に極《きわ》まったと決定《けつじょう》して、直《じき》に不生の仏心のままで居る人は、今生《こんじょう》より未来永劫《ようごう》の、活如来でござるわいの。今日より活仏心で居る故に、我《わ》が宗《しゅう》を仏心宗といひまする。

さて、皆の衆が、こちら向いて御座るうちに、後ろで鳴く雀の声を、烏の声とも聞き違はず、又、鐘の音を太鼓の音とも聞きたがはず、男の声を女の声とも聞きたがはず、大人《おとな》の声を子供とも聞きたがはず、皆それ〴〵の声を一つも違はず、明らかに通じ別れて、聞きそこなはず聞かしゃるは、霊明の徳用といふものでござるわいの。これを則ち、仏心は不生にして霊明な物といひまする、その霊明の、証拠でござる。

わたしたちは生まれながらに「仏心」を持っています。これは「不生の仏心」です。

ところで、不生にして居ますれば、最早《もはや》、不滅といふもむだ事《ごと》でござるによって、身共は、不生というて、不滅とは申しませぬ。

つまり、「不生不滅の仏心」と呼ぶべきものを、盤珪は「不生の仏心」「不生」と呼んでいるのです。

ところが、……。

皆《みな》人々、親の産み付けてたもったは、不生の仏心一つばかりぢやに、我身の贔屓《ひいき》故に、我思惑《わがおもわく》を立てたがって、顔に血を上げてあらそひ、腹を立て、あいつが云《い》ひ分《ぶん》が聞えぬ故に、我に腹を立てさするとて、むかうの者の云ひ分に貪着《とんじゃく》し、大事の一仏心を、そのまま、つい修羅に仕替へ、詮なきことを、くや〳〵と思ひて、くり返し〳〵、念に念をかさねてやまず。縦《たと》ひ思ひを遂げ済ましてからが、畢竟役にも立たぬ事を、愚痴さに〔愚痴の故に〕思ひあきらめず、愚痴は畜生《ちくしょう》の因なれば、大事の一仏心を、そのままつひに、内証には〔自分勝手に〕、上々の畜生に仕替へてござるわいの。

…………

この座には、一人も凡夫はござらぬが、若しこの座を立てしゃって、敷居一つ越えて、人がひょっと行き当たるか、又、後ろから突き倒すか、或ひは、宿へ帰りて、子供でも、下男下女でもあれ、我が気にいらぬことを、見るか聞くかすれば、早やそれに貪着して、顔に血を上げて、身の贔屓故に迷《まよ》うて、つい仏心を修羅に仕替へまする。その仕替へる時までは、不生の仏心で居まして、凡夫ではござらなんだが、一念、向うなものに貪着し、つい、ちょろりと凡夫に成りまする。

一切の迷ひも、かくの如くでござって、向うなものに取合うて、我身の贔屓故に、仏心を修羅に仕替へて、我がでに迷ひまする。向うがものは、いかようにあらうとままよ。むかふときに貪着せず贔屓せずして、ただ仏心のままで居て、物にさへ仕替へねば、迷ひは、いつとても出来ませぬ。常住不生の仏心で居るといふものでござる。然らば、仏心の尊い事を決定して知りますれば、決定した日よりして、活仏で日を送るといふものでござるわいの。

要するに、わたしたちは仏心の目覚め、仏心のままに暮らせばいい。そうすると、そのとき人は仏心、活仏になっているわけです。

——仏心のままに生きよ——

というのが、盤珪禅師の提唱です。

でも、それは、盤珪が禅僧だからです。禅僧だから悟りを開けば、そのまま活仏《いきぼとけ》でいられるのです。しかし、われわれ凡夫はそうはいきません。すぐに迷いが生じ、失敗し、腹を立てて修羅になってしまいます。

そういうわれわれはどうすればいいのでしょうか?

その点については、前に考えたことがあります。サンスクリット語の〝ブッダ〟は、「仏陀」「仏」の意味ですが、また「目覚めた者」の意でもあります。したがって、われわれは朝、目覚めれば仏なんです。それ故、われわれはその日、一日を仏として生きればよい。でも、失敗をします。だが、翌日もまた目覚める、仏になるのだから、その日を仏として生きればよい。翌日失敗すれば、翌々日があります。そのように盤珪の提唱を受け取ればよいのではないでしようか。

いま、わたしが述べたことを、盤珪は、「どうしたら短気をなおせるか？」と問う僧への応答に、こう答えています。これもまた長い引用になりますが、辛抱して読んでください。

> ある僧問うて曰く、某《それがし》は生れ付いて、平生短気にござりまして、師匠も、ひたもの〈ひたすら〉意見を致されますれど、直りませぬ。私もこれは悪しき事ぢゃと存じまして、直さうと存じますれども、これが生れ付きでござりまして、直りませぬが、これは何と致したら直りませうぞ。禅師の御示しを受けまして、このたび直したう存じまする。………。
>
> 師の云く、そなたは面白い物を生れ付かれたの。今も短気がござるか、あらば爰《ここ》へ出さしゃれ、直して進ぜう。
>
> 僧の云く、唯今はござりませぬ。何とぞ致しました時に、ひょっと短気が出まする。
>
> 師の云く、然らば、短気は生れ付きではござらぬわ。何とぞした時、縁によってひょっと、そなたが出かすわいの。何とぞした時も我《わ》が出かさぬに、どこに短気があるものぞ。そなたが身のひいき故に、むかうの物に取りあうて、我《わが》思はくを立てたがって、そなたが出かしておいて、それを生れ付きといふは、親に難題を云ひ掛くる、大不孝の人といふも

のでござる。人々皆親の産み付けたもったは仏心一つで、余の物は一つも産み付けはさしやりませぬ。我身の贔屓故に、我《わ》が出かして、それを生れ付きと思ふは愚な事でござる。我が出かさぬに、短気はどこにあらうぞいの。一切の迷ひは皆これと同じ事で、我が迷はぬにありはしませぬ。……。

………

そなたの短気といふは、六根の縁に対して、むかう物に取合うて、身の贔屓故に、我思はくを立てたがって、とかく時々に、我が出かすことぢゃわいの。我思はくを立てぬに、どこに短気が出来るものぞ、出来はしませぬわ。………。

これを聞かしゃれい。そなたが幼少の比《ころ》より、人の短気を出かすを見習ひ聞き習ひ、そなたも短気が機癖（奇癖）となって、時々ふっと短気を出かして、生れ付きと云ふは愚な事でござる。今、従前の非を知って、この場で、永く短気を出かさぬようにするに、直す短気は、ありはしませぬ。直そうよりは、出かさずに居るが近道でござる。出かしておいて、直すとは造作《ぞうさ》（面倒）なこと、むだごとといふものでござる。出かさねば、直すこともいりませぬ程に、これを、よくわきまへさしゃれい。よく合点すれば、この一事についても、余の一切の迷ひの事も、皆同じやうなもので、迷ひたうても迷はれませぬ。常住、不生の仏心一つで居りまして、余の物はありはしませぬ。その仏心で今日働けば、一切の事が調ひまする故に、我宗を仏心宗といひ、又今日の活如来といふものでござる。直指《じきし》な尊い事ではござらぬか。

そして彼は、三十日間の修行を提案しています。

皆、身共がいふに打任かせて、先づ三十日、不生で居てみさしゃれい。三十日不生で居習はしゃったらば、それから後には、おのづから居とむなうても、いやでも不生で居ねばならぬようになりまして、見事不生で居らるるものでござる。不生なが仏心でござる所で、平生仏心一つで働き居るといふものでござる。さてすれば、今日の活仏ではござらぬか。手前に皆の衆、今日生れ替ったやうにして、新しうなって、身共が示しを聞かしゃれい。手前に物が有れば、耳に入らぬものぢや程に、今、新たに生れ替ったやうにして聞けば、初めて示しを聞くようなもので、内に物が無さに、一言の下にても、早や聞き取って、法成就しまする。

なるほど、なるほど、盤珪は平易に禅を説いていますね。改めて感心しました。

＊

『仏智弘済禅師法語』(前掲書に所収)にこんな話があります。いかにも禅僧らしい応答で、これを読んでわたしは盤珪という禅僧が大好きになりました。

鋳物師《いもの》の俗人がやって来て、盤珪に問いました。

「わたしが鍋《なべ》や釜《かま》を鋳ますと、十のうち八つも穴あきになるのですが、それをちょっと修繕して、無疵と言って売ります。気にかかってなりません。これは罪になりますか?」

盤珪「それは、おまえさんだけがそうするのか?」

俗人「いいえ、世間のたいていの人は、そうしています」

盤珪「夜中に売るのか?」

俗人「白昼に売ります」

そこで盤珪が言いました。

「先方だって、ちゃんとよく見て買うのだろう。もし、疵物を無疵と言って夜中に売るのであれば、罪作りになるであろう。白昼に売るのだから、先方もひどい疵物と知れば買わないはずだ。あまり気にすることはない」

俗漢問、「私事鋳物師にて、鐺釜《なべかま》を鋳れば、十に八つも穴あき申けるを、そく(繕)ひ申て、無疵とて売申事、心がゝり候也。咎に成り申すべきや」。師曰、「それは其方ばかり左様にするか」、と。曰、「否、天下一等に其通」と。師曰、「夜中に売るや」。曰、「白昼に売《うり》ます」と。師曰、「先きの人も目有て買申す也。若《もし》、疵物を無疵と云うて夜中に売らば、咎なれども、白昼の事なれば、先きも疵物としらば買ふまじき也。余り悔む事にあらず」。

19 白隠慧鶴《はくいんえかく》（一六八五―一七六八）

「駿河にも過ぎたるものが二つあり、富士のお山に原の白隠」と謳われている白隠慧鶴は、臨済宗中興の祖とされる禅の高僧です。前にも言いましたが、日本臨済宗の開祖の栄西よりも、白隠のほうが人気があるようです。日本臨済宗の禅僧のナンバー・ワンといってもよいでしょう。

白隠には、

――南無地獄大菩薩――

の書が数多く残っています。肉太の独特の字で、見ている者が竦《すく》んでしまうような書です。彼は幼児から地獄を恐れていました。風呂に入っても、火がごうごうと燃え上がり、湯が沸き上がるのを見ても、泣き出すありさまでした。その彼が、地獄そのものを大菩薩と拝める心境になったのが、この「南無地獄大菩薩」の書なのです。

秋月龍珉著『一日一禅（上）』（講談社現代新書）には、こんなエピソードが語られています。直接の引用ではなく、少し潤色して伝えます。

彦根藩主の織田信茂は、参勤交代の途中、原の松陰寺に白隠和尚を訪ねました。そして面談の折、このような質問をします。

「仏教では地獄・極楽ということを説いていますが、本当に地獄や極楽というものがあるのですか？」

白隠はその問いに直接答えません。そうではなしに白隠のほうから尋ねます。

「そなたは武士であろう」

「いかにも、拙者は武士でござる」

「では、武士なら武士らしくすればよいではないか。なんで地獄だの極楽だのと騒ぎめさる。さては貴公は、地獄が恐ろしいのか?!」

信茂はむっとして言います。

「失礼でござろう。真剣にお尋ねしているのに」

「お、怒ったの、この腰抜け武士が」

こうまで罵られて、信茂は満面朱をそそいで、思わず刀の柄に手をかけます。

すると白隠は破顔一笑して言いました。

「それ、そこが地獄というものじゃ」

信茂ははっと気づいて、手をついて詫びます。

白隠は言いました。

「それが極楽じゃよ」

地獄も極楽も、それぞれの心のうちにあるのですね。

＊

のちには臨済宗中興の祖となる白隠ですが、若いころ、彼は自分の進路に疑問を抱いたようです。

二十歳のとき、白隠は美濃大垣檜村《ひのきむら》の瑞雲寺の馬翁宗竹に師事しました。ところがある日、彼は言い知れぬ不安と寂寥感におそわれます。

〈自分はこのままでいいのだろうか……〉

このままというのは、禅の道を行くことです。しかし、儒者になったほうがいいのか？

といった迷いが生じたのです。

ちょうどそのとき、瑞雲寺では書籍の虫干しが行なわれていました。

悩みに悩んだ末、白隠は瞑目したまま、うず高く積まれた書籍の一冊を取ることにしました。その一冊の本が何かによって、自己の進路を決めることにしたのです。

彼が手にした本は『禅関策進《ぜんかんさくしん》』でした。この書は、明の袾宏《しゅこう》の編纂になるもので、禅門の祖師の伝記や語録等を集めたものです。明らかに禅の本で、その結果、白隠は迷わずに禅の道を歩むことを決意したのです。

さて、読者はどう思われますか？　この話を聞いて、

〈そんなデタラメなやり方は、怪《け》しからん！〉

と思われた人が多いと思います。でも、わたしはそうは思いません。わたしは、白隠のやり方がすばらしいと思います。

たとえば、昼食を鰻丼《うなどん》にするか、天丼にするかに迷ったとします。「迷う」ということは、どちらでもいいから迷うのです。鰻の嫌いな人は、そのような迷いを起しません。鰻丼でもいい、天丼でもいい、しかも金銭的にもどちらでもいいから迷いが生じるのです。それは、会社を辞《や》めるか否か、離婚するか否か、といった迷いも同じです。なるほど問題の大きさは違います。天丼か／鰻丼かと、会社を辞めるか／否かは、重大さの程度には大きな違いがあります。しかし、問題の性質においては違いがない。どちらでもいいから迷うのです。会社を辞めて、

即、生活に困る人には迷いはありません。〈会社を辞めようか……〉といった迷いが生じるわけがないのです。

では、どうしてもその迷いを無くすか？　たいていの人は、「よく考えて決断しなさい」と言います。つまり分別智によって解決しようとするのです。けれども、通り一遍の分別智によっては決められないからこそ、迷いが生じたのです。そもそも人間には未来を予知することはできません。会社を辞めて飲食店の経営を始めても、その飲食店が潰れるか／否か、誰にも予知できないのです。だとすれば、いくら分別智に頼っても、未来はどうなるか、人間には分からないのです。

そこにデタラメのよさがあります。デタラメというのは無分別智です。

じつは、わたし自身、白隠と同じようにデタラメの決断をしたことがあります。

わたしが六十二歳のとき、一億円以上の仕事を頼まれたことがあります。別段、犯罪的な仕事ではありません。社会的にはむしろ名誉ある仕事だったのですが、わたしがやる気になっても妻が反対しました。還暦も過ぎた年で、そんなしんどい仕事は引き受けるなというのです。

そこでわたしと妻が、それぞれ一個ずつのサイコロを振りました。たした数が奇数は辞退、偶数は受諾と決めておいたのですが、⚄と⚃が出て辞退することになりました。

立ち会ってもらった浄土宗のお坊さんが、

「そんな大事な問題をサイコロで決めるのですか?!」

と驚いておられましたが、

「これはサイコロで決めたのではありません。ほとけさまに決めていただいたのです」

と、わたしは言いました。いまでも、わたしは、わたしの歩むべき道をほとけさまが決めてくださったと信じています。

もっとも、白隠の場合は、仏教か/儒教かに迷ったのですから、ほとけさまに決めていただくわけにはいきませんよね。その場合は、「天命」あるいは「大いなる宇宙意志」と考えたほうがよいでしょう。つまり白隠は、天命によって仏教者、禅者の道を歩んだのです。

20

誠拙周樗《せいせつしゅうちょ》（一七四五―一八二〇）

誠拙周樗は、江戸時代末期の鎌倉・円覚寺の住職でした。それほど有名な禅僧ではありませんが、禅文化研究所刊行の『禅門逸話集成』（第一巻）になかなかいい話があるので、それを紹介しておきます。

深川木場の材木問屋の白木屋の一人娘が大病にかかり、医者も匙《さじ》を投げるありさまでした。いずれ婿をとって後を継がせようと思っていた一人娘です。父親の周章狼狽《ろうばい》ぶりは想像がつきます。

それで父親は、円覚寺の誠拙和尚に、娘が助かるようにお経を読んでほしいと頼みます。

「よろしい、お経を読んであげよう。しかし、そのかわり、お布施はたっぷりはずみなさいよ」

と言い、そのお布施は、いま、ここで払ってくれと、金百両と米百俵を請求しました。娘のためですから、白木屋の主人は言われる通りにせざるを得ません。

そのお布施——金百両と米百俵——を鎌倉円覚寺に発送したあと、和尚は娘さんのところに行って、こう言いました。

「おまえさんは死ぬんだね。こんな金持ちの家に生まれて、その栄華も受けずに死ぬなんて、気の毒なことじゃ。しかし、定命というものは神でも仏でも変えられん。死ぬときは死ぬんだから、おまえさんはしっかり死になさい。

だが、おまえさんは幸福者じゃ。わしはいま、金百両と米百俵を鎌倉に送った。これは円覚寺の雲水たちの胃袋にはいる。円覚寺には五、六十人の雲水がいるが、この中には五人や六人の真の仏になる奴がおる。そうだとすれば、おまえさんはその仏と縁を結んだんだ。ありがたいことじゃ。安心して死になされ」

それだけを言って、誠拙和尚は帰って行きました。

白木屋の主人はむくれます。これじゃあ、お布施のただ取られです。おまけに娘に、「死ね、死ね」と言ったのですから、むくれるのは当然です。

けれども娘は誠拙和尚の言葉によって大安心を得たのでしょう。彼女の病気はけろりと治ってしまいました。

わたしは、ここに「あきらめ」の本質があると思います。

第I部でも言いました(三〇ページ)が、「あきらめ」は「断念すること」ではありません。「あきらめなさい、あきらめなさい」と言われても、人間はなかなか断念できるわけではありません。ましてや白木屋の娘の場合のように、周囲の人間がなんとかしようと必死になっています。そうすると、ついつい、がんばれない自分がダメ人間に思えるのです。

〈いくらがんばれと言われても、わたしはこれ以上がんばれないのです。もう放っておいてください〉

と言いたくなる気持ちになります。それでじくじく悩むのです。

ところが、誠拙和尚のように、「安心して死になさい」と言ってくれると、病人もずいぶんと気が楽になります。その安心を生むのが、わたしは「明らめ」だと思います。そうなんです、死ぬときは死ぬのだから、わたしたちは安心して死ねばよいのです。そういうことを教えてくれるのが禅だと思いますね。

*

もう少し言いたくなりました。

漢の高祖、劉邦《りゅうほう》(前二四七—前一九五)が流れ矢に当たり、その傷が悪化して死の床に就きました。そのとき、劉邦は五十三歳。若いですね。

后《きさき》が天下の名医をさがしてきて、夫に治療を受けさせようとします。だが劉邦は治療を拒み、医者には褒美だけを与えて帰しました。

「自分は一介の庶民から身を起こして天下を取った。これは天命によるものだ。そして、いま死の床にあるのも天命。いくら名医であっても、この天命だけは変えることはできない」

これが彼の考えです。

だがこの話を聞くと、たいていの人が、

「なるほど〝天命〟ということはよく分かる。けれども、いったんは名医の治療を受けて、病気が治れば〈よかった〉と思えばいい。そして、治療を受けてダメなら、〝天命〟と諦めればいい」

と言います。それが現代人の考え方でしょう。

しかしね、いったん治療を受けてダメなら、ほとんどの人が別の名医をさがすようになります。次から次へと名医を求め、諦めきれなくなること必定です。わたしは、劉邦の言っていることに賛成です。

いったん治療を受けて、うまくいったのがわが国の徳川家康（一五四二―一六一六）です。彼は四十四歳のとき、背中に大きな腫物《しゅもつ》ができ、激しい痛みに一睡もできぬありさまになりました。そこに家臣の本多作左衛門重次《ほんださくざえもんしげつぐ》が来て、名医の粕谷長閑《かすやちょうかん》の手当てを受けるようにとすすめました。

だが、家康は、

「これが定命とあらば致し方ない」

と、治療を拒みます。言い出したら梃子《てこ》でも動かぬ家康です。それを知っている重次は、

「殿《との》、それは犬死にというものです。でも、殿がお覚悟なれば、この作左は殿の死出《しで》の旅の道連れを致しましょう。では、これにてご免《めん》」

と言って、座敷を出て行きました。驚いたのは家康です。家康は家臣を呼び戻し、医師の手当てを受けようと言いました。

そしてその手当ては成功しました。家康はそれから三十年以上も生きました。

わたしは、家康とその家臣は賢《かしこ》かったと思います。でも、医師の手当てが成功しなかったら、彼らは馬鹿だったことになります。

それに対して漢の劉邦は阿呆です。

馬鹿と阿呆の違いは第I部に述べました。そして禅は、「阿呆になれ」と教えています。つまり劉邦のほうに軍配をあげるわけです。

21 大愚良寛《たいぐりょうかん》（一七五八—一八三一）

良寛さん——

なんとなく親しみを感ずる禅僧です。子どもたちと手鞠《てまり》をつき、かくれん坊をして遊んだ人です。かくれん坊をして藁《わら》の中にもぐり込んだのはいいのですが、子どもたちがみんな家に帰ったあとも、じっと藁の中に一夜を過ごしたといいます。そんなまぬけな坊主です。だから彼の道号は大愚。大愚良寛が彼の名前です。でも、この場合の〝愚〟は、馬鹿ではありません。彼は阿呆なんです。そして阿呆こそ真の禅者だと思います。

ところで、なぜ良寛は子どもたちと遊んだのでしょうか？　子どもたちが純真だから——というのが最も大きな理由でしょう。しかし、わたしは、良寛はこの世は遊びの世界だと認識していたからではないかと思うのです。

この世は遊びの世界だというのは、『法華経』（正しくは『妙法蓮華経』）が説いています。その二十五章の「観世音菩薩普門品《かんぜおんぼさつふもんぼん》」において、観世音菩薩（いわゆる観音菩薩）が三十三身に変身してこの世に遊びに来ておられると言っています。しかも、その三十三身のうちには、

――比丘・比丘尼・優婆塞・優婆夷・童男・童女――

が含まれています。優婆塞は男性の在家信者で、女性のそれが優婆夷です。したがって、出家も在家も、男も女も、おとなも子どもも、みんな観音菩薩なんです。それが『法華経』の言っていること。『法華経』が大好きだった良寛は、仏教者はみんな観音菩薩であり、この世に遊びに来ている——と信じていたのです。

だから、彼は子どもたちにそのことを教えておきたかったのです。

〈いいか、おまえたちはみんな観音菩薩なんだぞ。そして、この世に遊びに来ているのだ。いまは子どもであっても、いずれおまえたちがおとなになれば、苦労をする。それも血反吐《ちへど》を吐くような苦労をせねばならない。しかしなあ、その苦労だって遊びなんだぞ。遊びだと思って、苦しみ、のたうちまわるとよい。やがてそうなるんだから、いまのうちにしっかりと遊びの精神を学んでおけよ〉

良寛はそう教えつつ、真剣に子どもたちと遊んだのです。わたしはそう思います。それが良寛の禅であったと思うんです。

＊

一休のところで触れておくべきでしたが、一休は後小松天皇の子でありました。それを疑う学者もいますが、現在、一休の墓は宮内庁が管理しています。まあ、一休の出自は権力機構の頂点に位置していたと見てまちがいないでしょう。

それに対して良寛は、名主《なぬし》の長男でした。名主といえば、江戸時代にあっては郡代・代官の支配を受けて、村の民政をつかさどった役人であり、権力機構の末端に位置する人間です。

しかし、良寛はみずからの意志で権力機構の外に飛び出ました。十八歳で出家し、備中（岡山県）の大忍国仙《だいにんこくせん》（一七二三―九一）について修行し、諸国行脚ののち故郷に帰り、寺泊《てらどまり》や国上山《くがみやま》に転住し、清貧の人生を楽しみました。また、詩作と書道を楽しみ、文人と交わり、すでに述べたように子どもたちと遊んでいます。

世の中にまじらぬとにはあらねども
　ひとりあそびぞわれはまされる

この里に手まりつきつつ子どもらと
　遊ぶ春日《はるひ》は暮れずともよし

ひふみよいむな　汝《な》がつけば
吾《わ》はうたひ　吾がうたへば

汝はつきて　つきてうたひて
霞《かすみ》たつ　ながき春日を　暮らしつるかも

花無心招蝶　　花は無心に蝶を招き
蝶無心尋花　　蝶は無心に花を尋《たず》ぬ
花開時蝶来　　花開く時　蝶来《きた》り
蝶来時花開　　蝶来る時　花開く
吾亦不知人　　吾《われ》も亦《また》　人を知らず
人亦不知吾　　人も亦　吾を知らず
不知従帝則　　知らずとも　帝則《ていそく》に従う

〝帝則〟とは、「大自然の理法」でしょうか。その大自然の理法に従って、花と蝶、われと人がごく自然に生きているのです。

家有猫与鼠　　家に猫と鼠《ねずみ》がいて
総是一蒙皮　　総《すべ》て是《こ》れ一蒙皮《いちもうひ》

猫飽白昼眠
鼠飢玄夜啼
猫児有何能
覘生屢中機
鼠子有何失
穿器也太非
器穿而可補
逝者不復帰
若問罪軽重
秤可傾猫児

猫は飽《あ》いて白昼《はくちゅう》に眠り
鼠は飢えて玄夜《げんや》に啼く
猫児《びょうじ》に　何の能かある
生を覘《うかが》い　屢《しばしば》機《き》に中《あた》る
鼠子《そし》に　何の失かある
器《うつわ》を穿《うが》ち　也《また》　太《はなは》だ非なり
器は穿ちたるも補うべし
逝《ゆ》く者は　復《また》　帰らず
若《も》し罪の軽重を問わば
秤《はかり》は猫児に傾くべし

家は猫と鼠がいる。どちらも同じ毛皮をかぶった動物。猫は昼寝ばかり、鼠は夜中にこそこそ。猫が立派か。生きものを狙って殺す。鼠が悪いか。器具に穴をあけては困らせる。しかし、器に穴があいても補修はきくが、死んだ命は二度とかえらず。罪の軽重を問えば、猫の奴が怪《け》しからん。

なかなかユーモラスな詩です。良寛はきっと、弱い者の味方をしたかったのでしょう。

＊

文政十一年（一八二八）十一月十二日、越後の三条を中心に大地震が起きました。『理科年表』（二〇二二年版）によりますと、マグニチュードは六・九と推定され、倒壊家屋約一万三千戸、焼失家屋千二百戸、死者千六百八十名にのぼったとあります。

良寛はこのとき七十一歳。地震のあと、彼は山田杜皐《とこう》という人に宛てて、みずからの無事を報じた書信を出しています。

地しんは信《まこと》に大変に候。野僧草庵ハ何事なく、親るい中、死人もなく、めで度存候。

うちつけにしなばしなずてながらへて

か丶るうきめを見るがはびしさ（ママ）

しかし、災難に逢《あう》時節には、災難に逢がよく候。死ぬ時節には、死ぬがよく候。是ハこれ災難をのがる丶妙法にて候。かしこ。

それから三年、良寛は生きています。そして天保二年（一八三一）一月六日、眠るがごとくに永眠したと伝えられています。

うらを見せ　おもてを見せて　ちるもみぢ

これが辞世の句であったとされています。

第Ⅲ部　終りと始め

死にともない

仙厓義梵《せんがいぎぼん》（一七五〇—一八三七）という禅僧がいます。〝仙崖〟とも書きます。臨済宗の禅僧です。この人、禅画をよくし、ユーモラスな画に禅味あふれる自賛をつけたものが、海外にも紹介され、有名です。

仙厓は八十八歳で示寂します。

その臨終に大勢の弟子たちが集まっていました。仙厓は遺偈《ゆいげ》を求められました。禅僧は最後に遺言としての偈（詩）を遺す慣例になっています。

だが、仙厓は言いました。

「死にともない（死にたくない）、死にともない」

「天下の名僧ともあろう方が、それでは困ります。もっと禅僧らしいことを言ってください」

そう言う弟子に向かって、仙厓はこう言いました。

「ほんまに、ほんまに」

これは禅文化研究所編の『禅門逸話集成』（第一巻）によりました。この「ほんまに、ほん

まに」というのは、

「本当だ！　本当にわしは死にたくないんじゃ！」

といった、仙厓の悲痛な叫びだったかもしれません。八十八歳の米寿ともなれば、大声の叫びはできず、呟《つぶや》くがごとくに言うしかなかったでしょう。


もう一人、禅僧の死を紹介します。

関山慧玄です。関山についてはすでに第I部に登場してもらいました（一五ページ参照）。雨受けに笊を持って来た珍念を、えらく褒めた禅僧です。

彼は八十四歳で示寂しますが、永らく病床にあった彼は、ある日、突然、弟子たちに言いました。

「どうやら、お迎えがまいったようじゃ」

そして関山は旅支度をはじめ、一人の弟子を従え、妙心寺を出発します。いや、妙心寺を出るまでもなく、玉鳳院の横の風水泉《ふうすいせん》という井戸まで来たとき、そこで立ち止まり、弟子に最後の教えを訓じ、そのまま立亡《りゅうぼう》しました。〝立亡〟とは、立ったまま死ぬことです。

これは、藤原東演『禅の名僧列伝』（佼成出版社）によりました。

さて、読者はどう思われますか？　仙厓と関山と、どちらがすばらしい死に方でしょうか？　きっと多くの人が、関山のほうに軍配を上げられるでしょう。だが、それはまちがいです。わたしはすでに第II部の龐《ほう》居士のところで（八四ページ）、死に方なんかどうでもいいと言ってあります。ということは、関山の死に方もすばらしいし、仙厓の死に方もすばらしいのです。たとえあなたが関山のような死に方をしたいと願っても、そうなる可能性は半分もないでしょう。逆に仙厓のように死にたいと思っていても、あなたは交通事故で即死するかもしれません。この世の何事も、すべて思うがままにはならないものです。

だから仙厓と関山と、どちらだっていいのです。どちらもがすばらしい死に方なんです。そう考えるべきです。

その点では、正岡子規（一八六七―一九〇二）がいいことを言っています。子規は明治時代の俳人です。三十歳になる前に脊椎カリエスになり、三十五歳で死ぬまでほとんど病床にありました。

その子規が、病床にあって認めた言葉がこれです。彼の『病牀《びょうしょう》六尺』に出てきます。

余は今まで禅宗のいはゆる悟りといふ事を誤解して居た。悟りといふ事は如何《いか》なる場合にも平気で死ぬ事かと思つて居たのは間違ひで、悟るといふ事は如何なる場合にも平気で生きて居る事であつた。

いかなる場合も平気で死ねるということは、その人は死を怖れていないのです。いや、その人は、死を怖れてはいけない、死を怖れない人間になろうと努力しているのです。しかし、それは馬鹿げた努力です。馬鹿になってはいけません。そうであれば、仙厓のように、「死にともない、死にともない」と呟くような阿呆になったほうがよいのです。わたしはそのように思います。

始めはいま、ここで

終りはどうだっていいとして、では、始めはどうでしょうか？じつは、禅においては、いつだって始めなんです。

前に言いましたね、

――即今《そっこん》・当処《とうしょ》・自己《じこ》――

と。わたし（自己）は、いま（即今）、ここ（当処）から始めねばなりません。わたしが貧乏であれば、その貧乏から始めねばなりません。〈もう少し金があればいいのに……〉と考えてはいけません。貧しいのを楽しめばいいのです。禅僧の良寛は、鍋一つを所有して、それでもって食事を作り、顔を洗い、手足も洗いました。ちっとも貧しさを苦にしなかったのです。あなたが入院患者であれば、その病室から始めるべきです。〈退院したあと、どうしよう……〉と馬鹿なことを考えてはいけません。病室においてできる実践、病人にだってできる和顔愛語――笑顔と感謝の言葉――から始めねばなりません。阿呆になるべきです。

誰の話か忘れてしまったのですが、こんな話を聞きました。米寿（八十八歳）を迎えた禅の老僧が、突然、英語の勉強を始めたそうです。明治のころの話です。老僧は、"This is a pen"と始めたのですが、それを見て侍者が言ったそうです。

「老師、いまから始められても、もう遅すぎるのではございませんか。もしも英語が必要ならば、わたしたちがお手伝いしますから、お罷《や》めになったほうがよいのでは……」

すると、老僧はこう答えました。

「もう手遅れじゃ、ということはわしも知っとる。だがな、この次、生まれてきたときに、いま英単語の一つでも二つでも覚えておけば、その分楽《らく》になるじゃろうと思うてな……」

そうです、八十八歳の老師は、即今《いま》から始めるべきです。それが何歳であろうと、即今は即今です。

でも、それじゃあ物にならない――と言われるかもしれません。たしかにそうです。八十八歳から英語を習い始めても、たぶん英語の推理小説を楽しめるようにはならないでしょう。ですが、十二歳の少年が英語を習い始めて、その三日後に彼が交通事故死することだってないとはいえません。その老僧は、英語を物にしたくて学び始めたのではないと思います。そうではなくて、彼は楽しいから英語の勉強を始めたのでしょう。そういう意味では、受験勉強と同じです。灰色の受験勉強といいますが、その人は大学合格という目的のために勉強しているからそうなるのです。そうではなくて、勉強することが楽しいから勉強する。そのような勉強が禅のすすめる勉強ではないでしょうか。

方便の意味

そこで〝方便〟といった言葉を考えてみましょう。

日常語で〝方便〟といえば、「便宜的な手段」の意味に解されています。よく「嘘も方便」といいますが、それは、目的さえ正しければ、少しぐらいの嘘は許されるといった意味に理解されています。まあ、わが国の政治家（本当は政治屋）がよく使う言葉ですね。もっとも、彼らには正しい目的なんてありません。党利党略（あるいは私利私益）のためには国民に嘘をついてもよいと考えているのです。おっと、ちょっと言い過ぎましたね。妄言多謝。

さて、仏教語の〝方便〟です。これは「便宜的な手段」の意味ではありません。そうではなくて、この語はサンスクリット語の〝ウパーヤ〟の訳語であって、そして〝ウパーヤ〟は「接近する」といった意味です。仏教においては、目的を達成することは、ある意味ではどうでもよいのです。それよりは目的に向かって一歩一歩近づいて行く、その歩みが大事なのです。

したがって、受験勉強でいえば、合格できるか／できないかは二の次で、毎日毎日の勉強が大事なのです。その勉強を楽しむことができれば、それでいいといってもよいぐらいです。老僧は英語を物にしようと思わず、英語を習うことを楽しんでいました。それが仏教でいう方便です。

ですから、仏教にはゴール（目的、終着点）はありません。あるとしても二義的なものです。まあ、最終的には誰だって死ぬのですから、到達点があるとすれば、われわれは死ぬために生きていることになります。そんな考え方はおかしいですね。

仏教においては、常にスタート（出発）しかないのです。

そのスタート・ライン（出発点）こそ、即今・当処・自己です。わたしが、いま、ここから始めるのです。

そして一歩一歩、楽しみつつ歩みます。

楽しみつつといっても、苦しみ、悩む時間のほうが多いですね。その苦しみ、悩みを楽しめというのではありません。それじゃあマゾヒズム（被虐趣味）です。そうではなしに、苦しみ、悩みをじっくりと苦しみ、悩むのです。もちろん、「嫌だ、嫌だ」とぶつぶつ言ってもいいのです。それが仙厓の「死にともない、死にともない」でした。われわれは「嫌だ、嫌だ」と呟きつつ、苦悩を苦悩としてじっくり味わう。それが方便の意味だと思ってください。

そして、それこそが禅の教えです。

われわれの人生には到達点はありません。常に出発点しかないのです。禅はそのように教えています。

中国唐末五代の禅僧の雲門文偃《うんもんぶんえん》（八四六—九四九）はこう言っています。

十五日以前のことは問題にしない。十五日以後について何か言ってみろ。

十五日已前は汝に問わず、十五日已後、一句を道《い》い将《も》ち来たれ。（『碧巌録』第六則）

たぶんその日が十五日だったのでしょう。そこで雲門は、「昨日までのことは放っとけ。さあ、今日これからについて、何か一句を言ってみろ！」と、弟子たちに迫ったのです。でも、誰も何も言いません。

そこで雲門自身が、このように言いました。

「日日《にちにち》是れ好日《こうにち》」

自《みずか》ら代って云く、「日日是れ好日」。（同前）

みんなが黙っているので、雲門がみんなに代って、「日日是れ好日」と言ったのです。この言葉は有名ですね。「毎日毎日が好日」というのです。

しかし、わたしは、これは「毎日毎日が好日」であるというのではなしに、「毎日毎日を好日にせよ！」と、命令形で読むべきだと思います。そして「好日」というのは、嬉しいときは喜び、悲しいときはしっかりと泣くことです。悲しいときに笑顔を見せるのは馬鹿です。悲しいときにわんわんと泣けるのが阿呆です。

そして禅は、馬鹿になるな！　阿呆になれ！　と教えています。

さあ、あなたはきょうから阿呆になりましょうよ。そういう提言でもって、本書を閉じさせていただきます。

ひろ　さちや

一九三六年（昭和十一年）、大阪市に生まれる。東京大学文学部印度哲学科卒業、東京大学大学院人文科学研究科印度哲学専攻博士課程修了。一九六五年から二十年間、気象大学校教授をつとめる。退職後、仏教をはじめとする宗教の解説書から、仏教的な生き方を綴るエッセイまで幅広く執筆するとともに、全国各地で講演活動をおこなう。厖大かつ多様で難解な仏教の教えを、逆説やユーモアを駆使して表現される筆致や語り口は、年齢・性別を超えて好評を博する。二〇二二年（令和四年）、逝去。

おもな著書に、『仏教の歴史（全十巻）』『釈迦』『仏陀』『大乗仏教の真実』『ひろさちやのいきいき人生（全五巻）』（以上春秋社）、『お念仏とは何か』『禅がわかる本』（以上新潮選書）、『生き方、ちょっと変えてみよう』『のんびり、ゆったり、ほどほどに』『インド仏教思想史（上下巻）』『〈法華経〉の世界』『法華経』日本語訳』『〈法華経〉の真実』（以上佼成出版社）などがある。

坐らぬ禅

2023年3月15日　初版第1刷発行

著　者　ひろさちや
発行者　中沢純一
発行所　株式会社佼成出版社
〒166-8535　東京都杉並区和田2-7-1
電話　(03) 5385-2317（編集）
(03) 5385-2323（販売）
URL　https://kosei-shuppan.co.jp/

印刷所　株式会社光邦
製本所　株式会社若林製本工場

◎落丁本・乱丁本はお取り替えいたします。

ISBN978-4-333-02897-9　C0015　NDC188/208P/19cm